Begrenzung - Freiheit - Weite

CARL-HUBERT KREMENTZ

Begrenzung

—

Freiheit

—

Weite

VERLAG DEM WAHREN - SCHÖNEN - GUTEN
- Baden-Baden -

Buchreihe: Das besondere Geschenk
Einbandgestaltung: W-S-G

ISBN: 3-92319368-8

Erste Auflage: 1995
Copyright und alle Rechte
VERLAG DEM - WAHREN - SCHÖNEN - GUTEN
D-76530 Baden -Baden
Text/Layout: Bernasconi-Seeger CH-6600 Muralto
Lithografie/Druck: Druckerei Steinmeier, Nördlingen

In memoriam
Carl-Hubert Krementz
* 18-1-1923 ☘ 5-1-1995
und in tiefer
Liebe und Dankbarkeit
auch für das Geschenk
dieser Prosavers-Texte,
deren Herausgabe durch den
liebevollen, selbstlosen und
großzügigen Einsatz
seiner Angehörigen, Freunde, Autoren
und dankbaren Schüler
zustande kommen durfte.

Marielú Altschüler

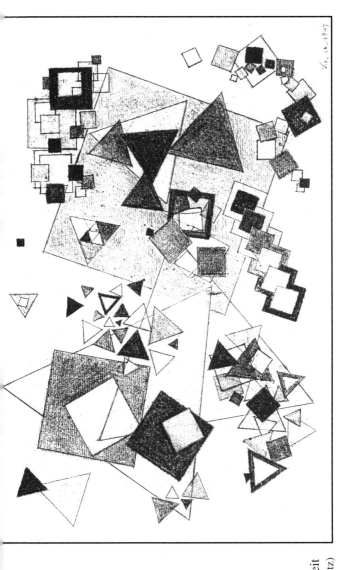

Die Vielgestaltigkeit in der Einheit
(Zeichnung von Carl-Hubert-Krementz)

Amsel und Zweig
unbewegt:

Ein Blick: -

Ein Bewußtsein
des Einen: -

Ein Lächeln. -

Tausend
Flügelschläge,

und das Eine
ist immer noch eins:

immer noch...
ein Bewußtsein, -

ein Friede.

Das Einfache, -
das Unverstellte:

Das Tier,
die Blume...

Wir hingegen
sind hochgestochen,
wurzellos,
irrational,
ausgesetzt,

ohne die Erde,
zu deren Leben
wir kaum noch
Bezug haben, -

ohne die Eltern,
die wohl einander
begegneten
und sich doch
nicht fanden, -

ohne den Himmel,
den Regen,
die Sonne,
die zu uns
gehören,

ohne die
wir nicht sind,

und die wir

nur

benutzen.

Heimkehr zum Einfachen,

Unverstellten.

Heimkehr zum Himmel,

zu Regen, Sonne,

Lachen, -

und Leben.

Diese unzählbaren Toten, -
diese geschändeten Mädchen, -

sie brauchen dich.

Ein Rosenblatt,
das sie zudeckt, -

ein Gedicht, -
ein Vogelgezwitscher, -
ein Kinderlied
lässt ihre Tränen
auch jetzt noch
fließen, -
löst ihre Erstarrung.

So singe doch,
erschüttert
von ihrer Verlorenheit,
vom Frühling
über den Gräbern,
ein Hoffnungslied,
das sie einschließt
und die Panik,
die ihre Seele aufwühlt,
überwinden hilft.

Gib ihnen doch
die Erinnerung wieder
an ihre unschuldige
Kindheit, -
weine doch mit ihnen, -
wiege sie ein, -
laß sie, nach den
erschütterten Schrecken
ihres gewalttätigen Todes
im Trauergesang
Frieden finden,
in dem auch deine
verschüttete Seele
wieder auffliegen darf
in euer

unendliches

Geliebtsein.

✧ ✧ ✧

Zum 'Abschiessen' der Politiker

In der Endphase
des 'Zeitalters der Eroberer'
ist die Macht rücksichtslos,
offenbaren sich die Extreme
in schwarz und weiß,
wird mitgespielt
oder ausgeschaltet,
wird mit den Fäusten
nicht einmal gekämpft,
sondern erschlagen
und das noch durch
die Medien verherrlicht.

Was kann man da anderes
von den Politikern erwarten,
als Fäuste
und die 'Gepflogenheiten'
der Mächtigen,
die sie nicht erst heute haben,
vielmehr schon als Kinder.

Die Presse hat aufzupassen.

Spielt sie jedoch
'Männer-Geschichten'
von anno dazumal hoch,
(die ja eigentlich jeder
hinter sich hat)
und antworten die Politiker
dann beleidigt oder aggressiv,
statt zu ihren Taten zu stehen
und von der Presse und
deren Publikum

mit Verstehen und Großmut
bedacht zu werden, -
hat sich eine Epoche überlebt.

Bedenke:
Man kann heute jeden 'abschießen'.
Man hat dann aber bald
niemanden mehr
mit der notwendigen Qualität
zum Regieren.

Viertklassiges
oder Chaos
sind schlimmer.

Politiker

Eine vergiftete Erde
setzt andere Prioritäten.

Die Rivalen werden, -
sehr bald schon, -
von niemandem mehr
honoriert sein.

Man wird diejenigen
wählen,
die über die Gegnerschaft
die Einheit stellen
und einander
nicht zerfetzen,
sondern unterstützen,
bis die optimale Lösung
erreicht ist.

Alle werden wir
Achtung und Ehrfurcht
voreinander
haben müssen,
wenn wir

überleben wollen,
selbst,
wenn wir hungern
und der Tod
nicht mehr fern ist.

'Parteien-Räson'
wird dann ein Wort
aus der Mottenkiste
der Macht sein.

Denn dann
trägt jeder
seine Verantwortung
und die Bürde,
die seine Wahl bringt,

aufrecht.

Die Verwechslung
der Bewußtseinsebenen
kann tödlich sein.

Exoterisch braucht man
die Soldaten, -
esoterisch nicht.

Da
hat man Liebe genug.

Wer aber noch gegen
etwas
oder irgendwen steht
(also auch gegen Soldaten
und gegen die Waffen),
der wird keine Zeit
mehr haben,

sich zu wundern,
wenn eines Tages
seine Frau
vergewaltigt ist
und ihm ein Messer
im Rücken steckt, -
wenn andere sein Haus
besetzen,
in dem er Frieden will.

Waffenlosigkeit
dedarf des höchsten Maßes
an Freiheit.

Wer lebt aus dem Geist
und <u>für</u> ihn, -
also <u>für</u> alle Wesen
in ihm?

Wer wird so geliebt,
daß die Mächtigkeit
seines Wesens
stärker ist,
als der Krieg?

Wer überwindet den Haß
<u>in sich</u>
in jedem Moment neu?

Wer <u>hat</u> Frieden?

Wer nimmt die Verantwortung
für das Heil
aller Wesen
auf sich ?

Wer
scheut den Tod
nicht?

Wer liebt so,
daß die Macht seiner Liebe
den Tod besiegt?

Da sind die Rücksichtslosen,
die lediglich primitiv, -
und dann die Scharen
der Intelektuellen
aus den Schreibstuben,
die alle nur intelligent
und aufeinander
eifersüchtig sind.

Nichts davon
ergibt Führungsqualität,
die souverän auszustrahlen
und mitzureißen versteht.

Gescheite
sind noch längst
keine Täter,
deren Zugriff verwandelt,
begeistert und überhöht
in ein Größeres.

Wer hat Charisma?

Wer kann,
aus der Wahrheit heraus,
führen?

Gorbatschow
mit seiner Raissa tat es. -

Er war, wie das so
in der Einheit geschieht,

im richtigen Augenblick
der Geschichte zur Stelle,
als es darum ging,
ein Weltreich, das falsch
und gewalttätig war,
aufzulösen.

(Aber zerstörte letztlich
nicht auch er?)

Männer!

(Sollte man dafür sagen:
Unkündbare Beamte, -
beinahe unkündbare Arbeiter
und Angestellte, -
erstarrte Gewerkschaftler?)

Es ist erschütternd,
wie sich heute
die Ausschließlichkeit
althergebrachter Ordnungen
in der Vereinzelung,
mit ihren Selbstübersteigerungen
und -verliebtheiten,
zu Ende lebt ('zu Ende ausnutzt',
paßt besser).

Begeistern kann nur
- und das weiß man jetzt -
wer aus dem Geist, -
also aus der Einheit lebt.
Und das bedeutet
Dienen in Demut,
Dienen dem Einen.

Einheit:

Die wird aber, -
verstandesüberzogen

und ohne jede Ahnung davon,
daß ihr zugehörig
die Seele ist, -
ignoriert.

Frauen, -
deren Domäne die Seele
doch sein müßte, -
die diese rücksichtslosen,
in sich verbiesterten
Männer zu imitieren versuchen,
merken lediglich,
daß sie auch so sein können.

Was bringt das?

Bei den Chinesen
lebte man
aus dem Tao.

Wir sind
zu Automaten geworden,
die einen Beruf
gelernt haben.

Wie wollen Automaten
wissen,
was Menschen sind?

Wie wollen sie menschlich
und das heißt
verantwortungsbewußt
und kultiviert, -
das heißt 'pflegend', -
leben?

Wieviel tausend Jahre
werden wir brauchen,
bis wir das
vollziehen können?

Wir haben nicht einmal mehr
bis morgen Zeit
und müßten doch alle lernen,
souverän eins im anderen,
eins für die anderen
und alle für eins zu sein.

Also doch tausend Jahre.

Es ist bestürzend.

Trotzdem
sollten sich hier eine Frau
und dort ein Mann
schulen,
um in der Einheit
ihr Charisma aufzuschließen, -
und damit
den Frieden ermöglichen,

. . . endlich

als Vorbild

leben..

Daß es ein Genuß ist,
das Gaspedal zu betätigen, -
das Vibrieren
und auch das Aufheulen
des Motors,
die Kurven, -
das Überholmanöver, -
die Weite zu spüren,
weiß man.

Ihre Faszination
hat diese Welt,
die wir uns da
geschaffen haben.

Auch das lässige
am desk-Stehen,
und dann der Sprung
über die Wolken
in die Sonne,
das Südmeer,
in die Savannen,
Indonesien, Ceylon
und die Bali-Tempel . . .

Wenn es
fast alle machen 'können'
und nicht einmal wissen,
daß es ein 'Dürfen' ist, -
ist etwas Neues
im Anzug.

Wir lernten ja erst,
daß der Kosmos
und die Evolution
niemals still stehen,
und wenn eine Entwicklung
dazu neigt
das Gegebene als das
Immerwährende
zu betrachten,
stagniert sie.

Es lacht das Herz,
wenn man sieht,
was sich da heranbildet
und nicht einmal nur
technisches Format hat:
Frauen, Männer, Kinder
mit einem Selbstbewußtsein

in der Haltung, im Auftreten,
in ihrer Nacktheit,
das neu
und darum auch nötig ist, -
aufgeschossen von den Vitaminen,
aufgeschlossen durch
den Intellekt,
gewandt und locker
durch Freud und alles,
was nach ihm kam . . .

Damen und Herren
waren das früher einmal.
Heute sind sie Eroberer,
die nicht mehr
danach fragen,
was war.

Natürlich . . .
ist das ihr Handicap.

Aber sie mußten wohl
neu so beginnen,
schießen nun über
sich selbst hinaus,
weil es Spass macht
(darum auch
die Fernsehshows
als Massenvergnügen).

Weil es (fast) jeder macht
und vor allem diejenigen,
die ohne Bewußtsein sind,
wird Norm daraus,
walzt platt
in perverser
Gemeinschaftlichkeit, -
wird darum zwangsläufig
gemein.

Jungfräulich
war das damals
in seiner Faszination,
die nun,
auf eine geradezu
entgegengesetzte Weise,
wiedererworben sein will,
um die Berge von Abfall
abzutragen.

Materiell
bleibt immer
ein (Müll-)Rest, -
vor allem,
wenn man verurteilt
und niederreißt
oder klein macht.

Vieles ist ja auch
viel zu genial angelegt,
um wieder vernichtet
zu werden,
vor allem diese Leiber
sind zu schön heute,
um sich durch Allergien,
Aids und Krebs
selbst zu zerstören.

Wozu haben wir denn
die gescheiten
Intellektmaschinchen? -
Warum sind wir denn
arbeitslos
und haben die viele Zeit?
Die geistige Welt wartet
auf unsere Bereitschaft
und auf unseren
freiwilligen Einsatz
oder . . .
sie überrascht uns

'irgendwie'
und rückt uns zurecht
in die Sauberkeit.

Denn unsere materia-
listischen Vorstellungen,
mit denen wir alleine
und aus uns selbst
leben wollen,
sind viel kleinkarierter
und erbärmlicher,
als wir
das wahrhaben wollen:
'Massenware' . . .

Wir Zauberlehrlinge.

Die Möglichkeit des
ausschließlichen Friedens
in materieller
und dementsprechend
kalter Realitäts-
verhaftetheit mußte
sich als Illusion erweisen,
als die Höchstform
des wissenschaftlichen
Nützlichkeits-Glaubens
mit dem Zerbrechen
der Machtblöcke,
überschritten war.

Man diskutiert heute
nicht mehr darüber, -
man entdeckt
sein <u>wahrhaftiges</u>
Alleinsein, -
erlebt sich nun 'nackt'.

Darum
greift jeder 'Materialist'
zu seiner Waffe:
dem 'Body-building'-Körper,
zu falsch verstandenem
Karate, -
die 'Bequemeren'
zu MG und Pistole.

Villen werden
zu waffenstarrenden
Festungen.

Doch findet auch hier
niemand Frieden, -
erst recht nicht
mit der Ignorierung
des Heiligen,
das doch,
in seiner Wahrheit,
lediglich 'heil' ist.

Wer Frieden will, der hat die Einheit
in sich herzustellen,
die nur als 'Dreieinigkeit'
von Geist, Seele und Körper
erreichbar ist.

Er wird dann demütig, -
also nicht nur lächerlich
für die materielle Welt, -
sondern ihr unscheinbar.

Doch jeder,
der in seine Nähe kommt,
wird aufatmen,
weil ihn alleine schon
dessen Vorhandensein
über die Erstarrung
der Macht - Konfrontationen,

in eine angenehme
Unbeschwertheit
hineinhebt.

Friede ist identisch
mit diesem Vorhandensein
und nicht identisch
mit gescheitem Geschwätz,
das Substanz
- und die entspricht
dieser 'Dreieinigkeit' -
nicht lebt, weil sie
- und darum der Friede -
ihm unbekannt,
und ohne harte Arbeit
an sich selbst,
nicht erfahrbar ist.

Das vollkommene
Unverständnis
des Materialisten
bezüglich
des eigenen Sterbens
in der Hingabe
an Gott,
beruht in dem
Nichtvollziehenkönnen
des Loslassens,
das ihm identisch
mit dessen
Nichtvorhandensein
ist.

Wie könnte er
seinen Eigenwillen
aufgeben,

obwohl gerade dieser
doch
seine Persönlichkeit
ausmacht . . .
wenngleich gerade sie
durch seine Widerstände,
Erstarrungen,
Blockaden,
niedergezwungen wird.

Vollkommenes
Auslöschen des Ego,
und dies ist mit
dem Sterben in Gott
angesprochen,
nimmt sich aus
diesen Widerständen
heraus
und weiß sich -
gerade weil es
Gottes
Ausschließlichkeit
voraussetzt -
in SEINER Liebe
geborgen.

So fällt
der Vereinzelte
in die Einheit
des Ganzen.

Nirgendwoanders
als hier
ist ausschließliches,
gelöstes,
erfülltes
und intensivstes
Leben,
auch wenn es
keineswegs leicht

und oft überaus
anstrengend,
herausfordernd
und vom Einzelnen
überhaupt nicht
überschaubar ist.

Hier ist auch seine Seele
beheimatet,
ohne die Leben
wie Tod ist. -

Welch ein Genuß
des Hineinsinkens
und Wiederfindens
in das geeinte Reich
Gottes,
das Frieden
und gewaltigste
Intensität
in einem, -
auch in jedem Augenblick
der weltlichen
Existenz ist, -

nur . . .

Rechthaberei,
Bequemlichkeit
und die Erwartung
von verkitschten
Engelchen hier . . .
dürfte ein Trugschluß
sein, -
neben der Mächtigkeit
der Wesen im Geist.

Das versteht
und erträgt
nur die Demut, -

weil alle egobesetzte
Falschheit
die Liebe,
die hier
gefordert wird,
zunichte macht.

Wie kann man
von welchem besessenen
Vereinzelten
des Materialismus
Verständnis erwarten,
wenn er erfährt,
daß bis dahin Isoliertes
und Isolierendes,
in der Ganzheit Gottes
<u>ein</u> unendliches Entzücken
und mit jedem Wesen
<u>ein</u> schwingender Einklang
ist.

'Über dich selbst
hinwegspringen' . . .

Ich werde mich hüten,
dir das zu sagen.

Du bist verbiestert
und voller Arroganz
- also ängstlich -
innen,
und ich: 'so grausam,
um über dein Leid
zu lachen',
würdest du antworten.

Wer den geistigen Weg
nicht nur 'geht',
sondern auch lebt,
der kann springen.

Auch davor
werde ich mich hüten,
dir <u>das</u> zu sagen.

Es sei denn . . .
ich weiß,
du bist ehrlich
innen . . .
<u>ganz</u> ehrlich . . .
und . . .

bittest mich darum.

Wir wissen das jetzt:

Die Intensität
des Vorhandenseins
alles Lebendigen,
gibt keine Berechtigung
uns herauszunehmen,
oder zu übertreiben,
auf Kosten anderer.

Die Verlockungen
uns gehen zu lassen,
oder in Macht-Capriolen
einander zu zerstückeln,
haben wir durchgespielt.

'Isolation
ist die Vorstufe
des Todes.'

Man kann sich
um diese Erkenntnis
eine Weile herumdrücken, -
nicht länger. -

Dann haben wir
zu lernen,
uns gegenseitig
zu tragen. -

Wie aber findet man
einander, -
wie sich selbst?

Da wir das Vertrauen
verloren haben,
ist Kultisches
auszuschließen.

Mysterien
waren zu ihrer Zeit gut
und starben
mit ihrer Zeit.
Geistige Erfahrungen
der Vorzeit
sind lediglich hilfreich, -
mehr nicht.

Die Todesnähe
der Vereinzelten,
ist unsere einzige
Chance.

In ihr
sind wir 'nackt' und 'bloß',
wenn wir uns
der Wahrheit nähern.

Nur so findet man sie.

Wenn wir hier
schreien könnten,
wäre das viel. -
Doch nicht den Protestschrei,
weil wir hier ja niemanden haben,
den wir anklagen können, -
wohl aber den Schrei
nach Erlösung . . .

Zu wem aber,
wenn Gott
ohne Vertrauen
nicht erreichbar
und auch nicht
vorstellbar ist?

Besser noch,
als dieser Schrei,
ist die bedingungslose
Annahme
des Ausgesetztseins
und mit ihr die
eines jeden Tun's,
das uns erreichbar ist. -

Auch das Nichttun
will hier bewußt
und ausschließlich
gelebt sein,
bis neues Tun uns
- an jedem Tag
und zu jeder Stunde
neu gesucht, -
möglich wird.

Jede Auswahl von uns,
ist schon Hochmut.

So wird, durch Bereitschaft,
Stille, -
so wird Erfahrung

und so
wird Erlebnis
des Geführtseins, -
ersteigt man
die ersten Stufen
des Glaubens.

Und wehe,
wenn man sie nicht
beharrlich
unter den Füßen
behält . . .

Dann fällt man wieder.

Doch wenn man fällt,
dann weiß man hier,
daß man aus
Glaubenslosigkeit fällt,
und man versucht es wieder.

Hier
und nur hier,
beginnt
ein neues Leben, -
und es ist hier
Leben im Geist, -
beginnt
das neue Jahrtausend, -
das neue Bewußtsein, -
in dem einem,
zuerst einmal,
nichts geschenkt wird, -
in dem man nie weiß,
wann einem jemals
etwas geschenkt wird, -
in dem man immer
im Wunder lebt,
wenn man glaubt, -
wenn man

sich aus der Enge
der Angst löst, -
wenn man
die Weite der Ewigkeit
anerkennt,
wenn man,
darüber hinaus,
jeden und alles
anerkennt und unterstützt,
was auf dem Wege ist
in seine geistige Freiheit, -
wenn man . . .
bedingungslos
und ohne Vorurteil,
dankbar und demütig

lebt . . .

Glaube hat Stil.

Er ist das
demütig Besondere,
das gewachsen ist,
wie das Leben.

Eingeprägt
durch Erfahrung,
Verstehenlernen
und tiefste
Wesenserfüllung
entsteht
seine Form,
die substantielles
Gewicht hat,
die zu unterscheiden
vermag zwischen
auswendig Dahergesagtem, -

frech Provoziertem
und dem Vollzug
der Wahrheit.

Er bezwingt nicht
durch Machtgehabe,
sondern durch Dasein.

Das läßt schmunzeln
und fasziniert, -
ist eins mit der Liebe, -
fordert nicht -
und fordert doch
heraus.

Der Schablonenwelt
ist er unbekannt.
Ihre Vorstellungs-
und Verstellungs-
gepflogenheiten
wissen nichts
von Größe.

Darum macht diese
sie sprachlos, -
existieren sie nicht
neben ihr:

Nullwerte.

Welche Hoffnung.

Himmelschreiendes Fanal
einer sich selbst
zerstörenden Menschheit,
ist die Schändung
der Kinder, -
nicht nur

deren Körper, -
noch viel grausamer ...
deren Seelen,
die in ihrem Aufblühen
nicht nur verletzt,
sondern für ihr ganzes Leben
gezeichnet werden.

Was ändert schon
die Empörung darüber.

Wer kann eine Vergewaltigung
nacherleben, -
den Schmerz,
die Verachtung der anderen
spüren,
die nur Hilflosigkeit
vor sich sehen und nichts
von der Erstarrung
der Seele
wissen, -
auch nicht wissen wollen,
was da innen, hinter
mühsam bewahrten Masken,
schreit, -
was sich schämt
und empört zugleich, -
was vor Angst
zu keinem Gefühl
mehr fähig ist.

Und die Mörder
(was ist Vergewaltigung
anderes?),
die vielleicht
selbst einmal
vergewaltigt wurden, -
die nichts anderes kennnen,
als sich selbst
und die eigene Gier

ihres Verfallenseins, -
die hineingezogen sind
in die Todes-Spirale,
der jeder von uns
ausgesetzt ist,
der sich dem Geist
entzogen
und die Seele
ignoriert hat ...
Egozentrischer Moloch,
der verschlingt,
was ihm oder ihr
erreichbar ist.

Nehme sich nur
keiner heraus
aus der Mörderclique,
die 'Ich' sagt
und überheblich
irgendwann
irgendwas
aus Eigennutz
übersieht, -
vorübergeht an denen,
die Hilfe brauchen, -
die auf ihre Art giert, -
die sagt,
sie könne nicht anders,
weil sie sonst
ihren Job verliert, -
von ihrer Geliebten, -
ihrem Geliebten
verachtet wird,
die vorprogrammiert ist
in diese
genußsüchtige,
verlorene
und sich selbst
vergewaltigende Ausartung
der Menschheit, -

die den Höhepunkt
ihrer Lust-Sucht
nun erreicht hat
und dem Chaos
entgegeneilt . . .
schuldig gegenüber
allem natürlichen Leben, -
an der Disharmonie
allen Geschehens, -
an den Milliarden
unnötiger Tode.

Jeder Einzelne,
der diese Schuld
nicht als die eigene
annimmt, bleibt
in der Abgeschiedenheit,
die ihn immer gewalttätiger
verschlingt, -
ist verloren,
wenn er auch noch so
empört ist.

'Der Vergewaltiger . . .
bin ich' , hat jeder
zu wissen.
Niemand sonst.

Wenn Rettung,
dann mit diesem Bewußtsein.

Die verhungerten Seelen
der Kinder (auch der
erwachsenen) klagen dich, -
klagen jeden von uns an.

Ist denn Umstimmung
überhaupt möglich?

Nur
in der Erkenntnis
der Ganzheit

alles Lebendigen
und in dem Leben für sie, -
ohne Rücksicht
gegen sich selbst.

Rettung?

Liebe?

Zuvor erst einmal
Liebesbereitschaft
füreinander.

Denn jeder
von uns Vergewaltigern,
fordert Liebe heute

nur

für

sich

selbst.

Wie jedes Ende
einen Anfang
in sich birgt,
enthält
jeder Abschied
die Chance
unserer ...
die wir, -
der Liebe entwöhnt
und nebeneinanderher
leben ...
Rettung.

Alltägliches,
das wir plötzlich
verlieren,

bekommt im Nachhinein
seinen Wert.

Warum
nehmen wir nicht
die Empfindung
des Abschieds
in den Augenblick,
bevor er vergangen ist?

Warum nicht
in jeden Moment
dieses Vertrautsein,
selbst zum Kleinsten,
genießen, hüten,
pflegen?

Was macht denn
die Liebe anderes,
vor der wir uns sperren,
obwohl sie doch
unsere Sehnsucht ist, -
deren Empfindung
wir nicht zulassen,
weil sie uns
übermannen könnte?

Wir, -
die wir lieber
erstarrt bleiben, -
statt uns
mit den Tränen
des Abschieds
aus der Kälte
zu erlösen, -
um aufzublühen
füreinander

im Jetzt.

✧ ✧ ✧

Diese Arroganz,
die den Gottesbeweis
von der Hilfe
abhängig macht,
die ER spendet, -
die IHN 'richtet',
weil ER dieses Chaos
zuläßt, -
verkennt
das Geschenk
SEINER Freiheit.

Wer nicht Handlanger,
einer Macht sein will,
hat die Freiheit
zu lernen,
um sich entfalten
zu können.
Daß sie im Dienen
besteht,
ist logisch.

Wäre sie Herrschen,
machte sich jeder
selbst zum Tyrannen,
um letztlich
sein eigener
Vergewaltiger zu sein.

In diesem Lernprozeß
sind wir.

Er ist so grausam,
weil wir diesen Schritt
von der Egozentrik
in die Hingabe
nicht tun wollen,
weil er uns
'unmenschlich'
erscheint

(so pervers
sind wir schon).

Darum werden wir
unmenschlich, -
geben unsere Würde preis
und nehmen der Welt
mit ihren Geschöpfen
diese Würde,
statt sie mehr zu lieben,
als uns selbst.

Diese Wandlung
können wir ohne IHN
nicht mehr leisten,
niemals, –
weil wir
zu festgefahren sind
in unseren
Rücksichtslosigkeiten.

So werden wir untergehen,
die wir uns
der Materie
anvertraut haben, -
oder IHM
gehorsam sein,
statt uns abhängig
zu machen,
von uns selbst.

ER fordert
unsere Entscheidung
für sich:
den 'Geist des Lebens'.

Nur dieser

macht frei.

✧   ✧   ✧

Wunderbare Herausforderung
um der Einheit willen,
ist das Leben, -
Abenteuer,
das geleistet sein will
und dann erst
erfüllt sein kann, -
um das sich heute,
weinerlich, aufbegehrend
und leidend
alles herumdrückt,
das einmal meinte,
Herr zu sein,
oder zu werden, -
nun tausend
Abhängigkeiten fröhnt, -
sie seine Freiheit nennt,
diese
als von allen Anforderungen
befreit versteht
und zu keiner Tat bereit ist,
die nicht
in Sozialversicherung,
Urlaubs-
und Arbeitslosengeld
einbetoniert ist.

Das _ist_ nicht . . .
das vergewaltigt Leben.

So reißt heute
der Geist auf, -
damit Abenteuer
wiederentdeckt
und souverän
gelebt werden kann,
nicht durch Aufbegehren,
Protest und Abwehr, -
also durch Nichtlebenwollen
wie bisher,

aus Verzweiflung
über fehlende
Liebeszuwendung, -
darum fehlendem
Selbstvertrauen
in den eigenen Auftrag. -

Sondern
zu immerwährendem
neuen Geborenwerden
der Bewußtheit,
durch Ausweiten
der Ausstrahlung
jedes Einzelnen
durch die
der bis dahin
Verlorene
zu leben, zu wagen,
herauszufordern lernt

und endlich
alles mit einbezieht,
was ihm einstmals
seine Demütigung war,
so, daß er nun

endlich

wahrhaft

liebt.

Wenn du das
noch nicht hinter
dir hast:

Diese Schübe
totaler Panik,
die da ungeahnt

in dir aufbrechen, -
überwindet nur stählerne, -
später dann flexible
Festigkeit (Florett)
deine Verlorenheit.

Denke nicht,
allein mit Entspannung
und Durchlässigkeit innen,
bestehen zu können.

So lange du in dir
keine Substanz hast,
die sich nur über lange Zeit
der Meditation, -
zugleich aber auch durch
unentwegtes, intensivstes Tun
mit seinen Herausforderungen
und Konfrontationen bildet, -
fehlst du dir selbst, -
ist nichts,
außer der Panik
und auch noch kein Gott,
der dich da,
von irgendwo außerhalb
kommend,
herausreißt, -
wirst du nicht der,
zu dem du,
deinem Innersten entsprechend,
angelegt bist.

Gelöstes und erfülltes Leben
ist erst dann möglich,
wenn du diese innerste Panik
hinter dir hast, -
wenn du im Sein bist,
und das ist gleich dem,
daß 'Gott in dir lebt'.

Hier ist diese Gelöstheit
identisch mit Festigkeit,
weil du nun Format, -
also Form hast.

(Formlosigkeit ist lediglich
Nichtvorhandensein.)

Hier wächst sie uns zu
im Erleben und dem
daraus erwachsenden
bedingungslosen Vertrauen
und Wissen
um unser Geführtsein.

Kannst du diese Form
schon sein,
gegenüber der Emotion,
wenn sie durchbricht?

Da muß dann
eine Aktivität in dir
vorhanden sein,
die alles,
was von der Passivität
und der Abwehr her kommt,
nicht mehr zuläßt,
obwohl es doch
in dir bleibt
und du darum
mit deiner Ganzheit
und mit dem Verstehen
des Lebens eins bist.

Dieses Ineinander-
Verschlungensein
macht erst
deinen wahren Wert aus.

Wer sich den nicht
erworben hat,
der kennt nicht
die ganze Bandbreite
des Seins
und lebt es
auch nicht.

Hier erst wird Lichtheit,
wird Leichtigkeit.

Hier verstehst du,
was Gnade ist,
die du ja nicht erwirbst,
sondern dazubekommst.

Doch immer und immer
hast du deinen Teil
zu tun, -
schmiedest du
(komprimierst du)
den Stahl innen,
bis du selbst
das Florett bist,
das nicht mehr verletzt,
das nie tötet,
das den Sieg
nicht nötig hat,
weil es nicht nur
den Sieg, -
sondern jetzt auch
den Frieden . . .

lebt.

✧ ✧ ✧

Das 'Sich-Zusammenreißen'
ist zwar
ein meistverachtetes
Kommißwort, -
kann aber,
vor dem Ausflippen,
die letzte Gelegenheit sein,
alle Verlorenheit
zu bündeln,
um Vorstellungen
von Freiheit
zu relativieren.

Im Rausch
den Frust vergessen, -
einmal herausgenommen
und glücklich sein
('Warum eigentlich
nicht auch einmal' ?)
ist in den Zwischenbereichen
angesiedelt,
die das Außergewöhnliche
zur Bewährung brauchen,
um sich zu beweisen.

An die Tropfflasche gehen,
um die Gesellschaft
zu bestrafen,
reicht in die Abartigkeit,
auch bei dem, der bereit
zum Aussteigen ist
und das seine Freiheit nennt.

'Was bleibt heute vielen?'
ist die gängige Meinung,
alleine schon,
weil sie bequem ist.

Irgendwann aber

ist dieses so verabscheute
'Zusammenreißen'
die Rettung
gegen den Aufschrei,
gegen den Schmerz
und gegen die Unfähigkeit
zu sein,
wenn . . .
es dann noch erreichbar ist.

Es gehört auch
zum Loslassen dazu.

Warum haben im Zen
die Mönche wohl
diese Strenge der Pflicht?

Härte der Arbeit
ist unumgänglich.

Viele übersehen das gern, -
auch die brav sind
(wie sie meinen), -
auch die 'Gotteskinder',
die lieb sein müssen,
weil sie - zumeist -
Angst haben.

Zur Hingabe muß innen
etwas sehr stark sein,
das den Hochmut
besiegt.

'Andere sind doch auch
hochmütig und eitel
und fahren ihren Mercedes!'

Das kann man,
oder man kann es nicht.

Entscheide
wozu du fähig bist,

und was dir entspricht.

Für die eigene Freiheit
braucht man auch
Rücksichtsloses . . .
aber nur . . .
gegen sich selbst.

<u>Nur</u> . . .
gegen sich selbst.

Manch' einer
erreicht dann auch noch
seinen Mercedes, -
wenn er ihn dann
noch nötig hat.

Nichthandeln allein
ist immer
am Leben vorbeigelebt.

Es sei denn . . .
das Loslassen
und letztlich
die Leere, geschieht
um des Lebens willen.

Das bedarf
der Ausschließlichkeit.

Die

macht dann

frei.

✧   ✧   ✧

'Weltmeisterschaft'

Die/der Erste, -
die/der Zweite, -
die/der Dritte
zählt noch
für Augenblicke, -
für Tage, -
für die Statistiken.

Viel wichtiger aber
ist heute,
daß es immer wieder . . .
- nein! -
nicht Wettkämpfe,
sondern gnadenloses
Ausspielen, Auspunkten
schon in der Schule,
in der Wirtschaft,
sogar in der Ehe, -
in jeder Sparte
des Lebens gibt.

Des Lebens?

Sport
versteht man ja noch,

und er ist
als Nationenkampf
besser als Krieg:

Dieses Hineinputschen
der Massen,
das scheinbar
nicht abstellbar ist,
und . . .
verhinderte man es, -
bräche irgendeine neue
Revolution aus.

Es will also
übertrumpft sein.

Nachdem die Körper
kaum noch
etwas hergeben,
könnte Seelisches und
Geistiges auch noch
ins Spiel kommen.

Allmählich
würde das Palaver
darüberhin abflauen,
bis die Stille erreicht
und die 'Helden'
immer mehr
aus dem Blickfeld
gerieten.

Die Intensität aber
bliebe nicht nur, -
sie steigerte sich
immer noch:

'Das Ganze ist mehr,
als die Summe
seiner Teile'.

Hier
werden neue Dimensionen
nicht nur gewünscht, -
sondern erreicht,
weil sie zum Frieden
führen.

Die Sieger liegen sich
heute schon
in den Armen.

Dann täten

es alle.

✧ ✧ ✧

Dieses Vereinzeltsein,
ohne die Geborgenheit,
macht uns zu schaffen,
macht uns tapfer, -
überspannt
und zertstört uns auch.

Wer findet denn schon
sein Maß in sich selbst
ohne Hilfe
des anderen, der anderen,
der ewigen Konfrontation.

Draußen kämpfen wir
und kriechen dann,
um der Geborgenheit willen,
ins Schneckenhaus.

Doch wie dankbar
wären wir,
diese Geborgenheit
gäbe ein anderer,
eine andere, -
lernen aber auch,
daß wir es selber sind,
die sie zu geben haben.

Trotzdem:
welche Abgeschlossenheit, -
welche Härte.

Wehe, man verliert sich.
Dann ist man ausgesetzt,
wird man getrieben,
bloßgestellt, -
zerrieben.

Darum diese Mauern
in uns, diese Abwehr,
diese Kälte,

diese Wichtigkeit,
die 'oben' bleiben muß, -
möglichst im Penthouse.

Sehen (erkennen)
wir das so,
wächst uns allmählich
ein Mitempfinden
mit allen Singles zu,
das sauberer ist,
als alle schnelle
Gemeinsamkeit
und meistens auch
deren Gemeinheit,
sogar die Gemeinheiten
manch' schneller Ehe.

Sie (wir) haben
die Einsamkeiten
akzeptieren gelernt.

Wir verstehen.

Weil wir alle und alle 'Aufrechten'
sie bestanden haben
und darum eins sind innen, -
beginnen wir einander
zu lieben.

Wir wissen
wie wertvoll
wir einander
werden können.

Wir lernen allmählich
Achtung und Hochachtung
und stellen die Vokabeln

vom Feind
und von allen
Rücksichtslosigkeiten
der Ellenbogenfreiheit
immer mehr
in den Hintergrund.

Sie passen nicht mehr.

Wir haben die Einsamen
nicht mehr nur als Gegner,
sondern in ihrem Wesen
respektieren gelernt
und erkennen nun
ihren Wert.

Schon zwei Einzelne
zusammengenommen
und akzeptiert innen,
ergibt
(und hier eben sauber),
was umfassender,
was wieder liebenswert,
was sich ausweiten kann:

Einheit,
in der man nicht nur lebt, -
in der man aufatmet

vor Glück.

'Distanz in der Liebe'

So weit sind wir:

Zuerst miteinander spielen
und dann
keine Substanz haben,
sondern nur Sucht
nach Geborgenheit,
die diese Substanz
nicht geben kann,
wohl aber den anderen
verantwortlich macht,
damit er die Feigheit,
die man nicht
zugeben will,
ein Leben lang
mitträgt:
Baby
das verhätschelt
sein will und wehe,
man sagt ihm das . . .
schon . . . kommt
die Schuldzuweisung.

Warnung!

'Natürlich'
waren die Eltern
'böse' und 'selbstsüchtig'.

In ihm
potenziert sich das jetzt
. . . 'bis ins dritte
und vierte Glied' . . .

So wird Ekel aus Spiel
und, wenn dann schon

Bindung da ist . . .
Martyrium.

Da ist die
jederzeit mögliche
Distanz
besser
und das . . .
obwohl Partnerschaft
in der Liebe
'ein einziger Jubel ist', -

doch . . .

unter <u>Partnern</u>.

Was machen denn nun
die Selbstbemitleider,
die nie die Möglichkeit
hatten, alltägliche
Verhaltensweisen zu lernen,
weil sie als Kind
isoliert waren?

Ihre Tragik ist wahr.

Gerade darum haben sie
(sie schaffen das nur
im Alleingang),
von ihrem Selbstverliebstsein
und ihrem Suchtverhalten
selbst angewidert,
ihre Isolierung auszutragen, -

haben sich
von jetzt an
trotz aller Panik, -
in jede Herausforderung
aggressionslos

und hingabebereit
hineinzuwerfen,
auch...
wenn sie nicht wissen
was Hingabe ist
und das erst lernen müssen.

Sie werden ihre Angst
nie ganz verlieren, -
aber bewußt, -

dann endlich auch
partnerschaftsfähig, -

die wahren,
weil unerkannten,
Helden von heute,

und ihr Verhalten
im Füreinander
wird zauberhaft

sein.

Natürlich
seid ihr Frauen
wundervoll.

Selbst,
wenn ihr euch
wie die Männer gebärdet,
habt ihr noch
etwas Einzigartiges,
weil es euch eben
gemäß ist.
Heute weiß man,

daß wenige Chromosomen
entscheiden,
in welche Richtung
wir angelegt sind.

Scheinbar Konträres
kann dann verzaubern, -
aber auch trennen.

Endlich habt ihr,
und auch jetzt erst
wir Männer,
die einzigartige
Gelegenheit
eurer Wesensentfaltung
und nutzt sie, -
seid ihr gleichwertig,
aber trotzdem
nicht gleich, -
ist diese Möglichkeit
gegeben,
daß diese arrogante,
kriegstreiberische
Selbstherrlichkeit
der Männer
überwunden werden kann, -
erreicht ihr Frauen
Positionen,
die euch entsprechen
und nicht nur
die Mutterschaft, -
bringt ihr
die Hingabe mit ein,
die das Leben pflegt,
statt es zu vergewaltigen.

Doch das verlangt schon
den ganzen Mann
in der Frau,
will aber

durch Einbringung
fraulicher Wesensbestimmtheit
erworben sein.

Daraus erwächst dann
die Toleranz
des neuen Jahrtausends,
in dem wir einander
gleichwertig behandeln,
genießen
und lieben werden.

Aus der Dominanz
eines Teils,
wird dann die Dominanz
beider Geschlechter
in der Geborgenheit
einer Liebe,
die offen
und frei macht.

Wenn diese blödsinnigen
Rivalitäten
als pubertär belächelt
und überwunden sind,
kann alles Lebendige
bewußt anerkannt
und gelebt werden, -
zauberhaft aufblühen
und eine Welt des Friedens
hat hier endlich
die Chance

ihrer Verwirklichung.

Immer,
wenn man das eine
hervorhebt,
leidet das andere,
bis der Konstrast
dann umschlägt,
weil Einheit
zerstört ist
und in Rücksichtslosigkeit
ausartet.

Wenn die Alten jung,
oder die Jungen nicht alt
werden wollen,
wird da abwegige
Unwahrheit daraus
anstelle
lebendiger Konfrontation,
die,
um des Ganzen willen,
geführt wird.

<u>So</u> reißen Kulturen
sich selbst
in den Abgrund:

Wer anderen
ihre Chance nimmt
verhindert die eigene.
Es entwickelt sich aber
und heute nicht einmal mehr
unscheinbar,
neben diesem Einander-Trennen
und -Auslöschen
ein Neues,
das viel von Liebe spricht
und zumeist
sehr realitätsfern denkt
und lebt.

Es ist trotzdem
substantieller,
als alle Provokation,
die sich zusammenrottet
und doch miteinander
nicht leben kann.

Diese Winzigkeit 'mehr',
die wir über uns selbst,
hinausgelangen,
ist besser,
als der Leistungskampf,
der uns übersteigert
und aushöhlt.

Menschlichkeit
ist nicht jenseits
der Grenzen.

Verständnis,
das uns nicht rücksichtslos,
sondern sympathisch macht,
schadet uns nicht
und stört niemanden,
sondern bejaht
und hebt
uns alle.

<u>Es</u>
ist diese Winzigkeit,
die noch unsere Schwächen
versteht
und nicht preisgibt, -
wohl aber unser Bemühen
in's 'rechte Licht' setzt.

Sie gibt Geborgenheit
und nicht Größenwahn,
Rechthaberei
oder Egosinn.

Wir
'zeigen Muskeln'.

Das macht uns
nicht menschlich,
sondern unerträglich
und ist niemandem
- nicht einmal
uns selbst -

angenehm.

Nur die Meditierenden,
die Einfältigen
und die Betenden
erfahren die Schwingungsebene
des neuen Bewußtseins.

Sie erleben
und bewirken
die Macht
des Friedens.

Sie erspüren
deren reale Substanz
im Getragensein.

So sind
- nach wie vor -
die Getrennten
und alleine aus
ihrem Ich-Bewußtsein

lebenden,
dem Feind, dem Chaos,
der Angst
ausgesetzt, -
ist ihr Ruf nach Frieden,
ohne ihre Leistung
für ihn,
absurd,
weil sie sich noch
an ihrem Gegensatz stoßen
und nicht
an die Bewußtseins-Substanz
heranreichen,
die den Feind versteht
und liebt, wie sich selbst
und auch um
<u>seines</u> Friedens willen
lebt.

Das verlangt jetzt
die Evolution,
in der immer
und heute besonders
offensichtlich,
das eine zu Ende
gelebt wird,
während ein Neues
beginnt.

Jede und jeder
ist ihrem / seinem Kriterium
verpflichtet,
hat aber die Möglichkeit
darüber hinaus zu wachsen
durch Tun.

Ist sie oder er
intellektbestimmt,
sind sie ausgesetzt, -
greifen zur Waffe.

Geistesbestimmt
können sie das nicht mehr,
leben sie
aus innerer Sicherheit,
die ihnen Festigkeit
im Ungewissen gibt, -
haben sie Vertrauen, -
haben sie
'Ehrfurcht vor dem Leben',
lassen sie sich umbringen,
bevor sie töten.

Lassen sie aber auch
ihre Lieben umbringen,
ohne für sie zu kämpfen?

Hier greift
das eine Bewußtsein
in das andere.

Hier kann es sein,
dass ich mein Bewußtsein
opfere,
zugunsten deren Leben
(daß es Opfer ist,
versteht der Intellekt nicht),
denn ich habe kein Recht,
ihr Leben töten zu lassen,
zugunsten
meines Bewußtseins.

Wer aber aus Feigheit
zur Waffe greift, oder
die Waffe verweigert,
ist weder die Waffe wert,
noch den Frieden, -
wird aber am lautesten
diskutieren, verurteilen,
andere Meinungen
vergewaltigen.

Wer Soldat wurde,
der hat sich der Diskussion
entzogen,
hat den Auftrag
für sein Land
zu erfüllen
selbst,
wenn er dazu keinen Bezug
mehr hat.

Mit dem Ende
der Machtblöcke
wurde die Entscheidung
an die Einzelnen
zurückgegeben.

Sie können nicht
für den Frieden sein, -
zugleich aber
ihren Einsatz
und ihr Opfer verweigern.

Doch !

Natürlich können sie!

Dann aber
sind sie wertlos
und mit ihnen
das nächste Jahrtausend
für sie,
das dann
auch nicht mehr
von ihnen bestimmt,
somit keineswegs noch
ein tausendjähriges Maß hat.

Sie haben also das Beten,
die Meditation, die Einfalt
zu lernen.

Sie erfahren dann nicht nur
was sie <u>für</u> den Frieden
des neuen Jahrtausends,
der zugleich der Friede
des nächsten Moments ist,
tun werden . . .

Sie werden es dann tun,
ob für, - ob gegen sich selbst. -

Es geschieht immer
<u>für</u> das Leben.

Es wird keineswegs
identisch mit dem sein,
was ihrer Sehnsucht,
ihrer Bequemlichkeit
entspricht.

Doch werden sie
Frieden geben
und sich selbst . . . :
eine neue Empfindung
des Glücks.

Demut,
Dankbarkeit,
Geduld,
Liebe,
Verzeihen.

Ohne sie
ist kein Frieden.

Es gibt eine innere Macht,
der diese Werte angehören
und eine äußere Macht.

Die erstere wurde
von jeher
zu Vergewaltigungen
jeder Art
von der zweiten
und für diese
umgemünzt, mißbraucht
und darum alle diese Werte
verfälscht.

Ohne Macht
lebt weder die Zelle,
noch die Pflanze,
das Tier.

Friede ist nicht Ohnmacht,
sondern aus der Innenkraft
gelebte Harmonie:
Einklang
mit den Gesetzen
des Lebens. -

Ja: Ein Klang.

Wir werden noch eine Weile
brauchen,
bis wir ihn hören
und leben,
obwohl er immer
und jedem
erreichbar ist,
der aus der inneren Macht
und vor allem
<u>für</u> sie
im alltäglichen Leben
dient.

Die Umdrehung
erzeugt den Klang
der Planeten.

Sie singen.

So beginnt
ihre Beseeltheit.

Erfahre das
in der Stille:

Reiße den Augenblick
aus der Bewegung
und diese wird
transparent . . .

durch den Tod
das Leben bewußt.

Erfahre
durch die Absolutheit
des Unbewegten
die kosmische Schwingung,
und es jubelt
in der Verzückung
des ewigen Augenblicks,
deine Seele . . .

Wie von Urgewalten
im Blitz
der Wahrheit
in das Jetzt
geworfen . . .
hineingerissen
in einen
dir höchsten
Bewußtseinsgrad,
ist der Schöpfungsvollzug
mit einem Schlage
Erlebnis:

Überfülle.

Höchstgesteigert
im Hier,
einzig, ausschließlich,
stammelst du, -
beginnt Ausdruck, -
offenbart sich dein Wesen,
wächst
in den Schrei
der Erlösung
hinein ...

deine

Bewußtheit.

Die Dreieinigkeit
immer:

Mit jeder Arbeit
(jeder Bewegung)
bist du zu zweit, -
mit Gott dabei ...
(im erspürten Erleben
des Sahasrara)
heil.

Abenteuer
das Ganze ...
bewußter Vollzug
des Absoluten
in seiner
Ausschließlichkeit:

Herausgenommensein
<u>im</u> Leben, -
<u>aus</u> dem Leben
und eingefaltet
zugleich.

Doch . . .
das zu denken,
bleibt
Schablonen-Geschwätz . . .
darum leer.

Die Fülle
dieses Einen
in allem,
will empfunden
und in jedem Moment
begeistert
gelebt sein . . .

Denken
unterstützt
das Bewußtsein.

Doch die
Ausschließlichkeit
des dankbar
gelebten Tuns
vollzieht
und genießt
(ohne Widerstreben,
das hier
keinen Platz hat, -
ohne Abhängigkeit,
die lediglich hindert
und einengt)
die Intensität
der geballten
Energie

des Daseins
und will als Ganzheit
gelebt sein, -

in jubelnder

Demut.

Die Ewigkeit
ist in allem.

Sehe und erlebe ich sie
in ihm,
habe ich die Distanz
zu jeder Art
von Oberflächlichkeit,
durch eine gewisse Tiefe
und Festigkeit
gewonnen. -

Gab ich mich
in die Zeit
und ihre Gedanken, -
nahm ich meine
'Kleinigkeiten' wichtiger,
die ich ängstlich
erhalten wollte.

In der Ewigkeit
löst sich die Angst auf,
weil das Ich
ihrer Unermeßlichkeit
nahe kommt:
der diamantenen
Klarheit.

Diese beharrt nicht
in Ego-Maßstäben
der Gegensätzlichkeit. -
Sie transzendiert diese
auch nicht.

Sie <u>sind</u> in ihr
transzendent. -

Hier versteht man,
daß die Angst
nicht durch den Verstand
zu beseitigen ist.

Er
hängt in seinem Kontrast fest
und vergewaltigt dann 'nur'.

Medidation und Gebet
lösen die Angst auf, -
überlassen dem Intellekt
die Oberfläche,
von der er nicht loskommt
und finden zum Wesen.

<u>Das</u>
hat diese Ausmaße
der Unendlichkeit, -
<u>das</u> lächelt,
weil es erkennt
und . . .
wie die Mutter, -
wie der Vater . . .
versteht, -

darum

liebt.

Wenn die Bewegung
unendlich ist,
dann ist das Herausreißen
aus ihr
der Moment
der Bewußtwerdung.

Dann erkennt sie sich
irrational
in ihrem Vereinzeltsein
und die Ruhe
als stabilisierenden
Faktor, -

erscheint Weltgeschehen
als höchstgesteigerte,
in sich ruhende
Bewegung, -

komprimiert
höchstes Bewußtsein
äußerste Bewegung
in Ruhe:

als drittes   (Bewußtsein)
die Zwei   (Ruhe und Bewegung)
in die Eins: (Einheit).

Vorbild
uns Söhnen und Töchtern
Gottes,
die heute nicht mehr
SEINE unbewußt
'seligen' Kinder sind,
sondern liebes-
und verantwortungsbewußt
ihre Pubertätsspielereien
im 'Neandertal' -Dualismus

der letzten
zweitausend Jahre
und ihr isolierendes
Glücksverlangen
zu überwinden haben . . .

nicht mehr 'kreiseln'
in Superform,
sondern sich durch
diese Übersteigerungen
- welch Wunder -
dem Einen der Dreiheit
annäherten
(Das Ganze ist mehr
als die Summe
seiner Teile)
und ihm nun mehr
Führungsqualität
einzuräumen haben,
als sich selbst.

Friede?

Hier ist er, -

nur hier:

Liebe,

die rein, -

die hier

sauber ist.

✧ ✧ ✧

Im kosmischen Sein
(wenn man die Ewigkeit
in der Gegenwart lebt),
ist Frieden.

Wer zeitbestimmt,
auf das Ziel fixiert,
diesem entgegenjagte,
war ausgesetzt.

Hier ist Fülle
in jedem Moment, -
ist er eins
mit sich
und der Umwelt,
hat er, und ist er angenommen,
weil seine Bewußtseins-Struktur
weit
und ihm das Jetzt
unbegrenzt ist . . .

Diese Totalität
ist losgelöst
vom Gestern
und Morgen,
ohne von ihnen
getrennt zu sein.

Darum hat er alles,
was dem Moment
gemäß ist, -
erfüllt er
und ist erfüllt
in dankbarem Geben, -
in segnendem Empfangen, -
atmet ein . . .
atmet aus . . .
nimmt
aus der Mitte heraus zu
und verliert

sie nie.

✧ ✧ ✧

Alle Weihnachtsgeschenke
wollen die Fülle zeigen,
in der wir sind, -
die selige Dankbarkeit
wiederschenken,
in der wir schon immer
sein sollten,
durch das 'Ewigkeits-
geschenk' dessen,
der uns geboren wurde,
um uns zu helfen
'seinsbewußt'
(sagen wir heute)
- also in der Liebe
zu sein, -
um in der Freude,
und das ist hier zugleich:
in der Demut
zu leben.

Tausend Geschenke
am Weihnachtsabend
an Stelle dieses <u>einen</u>
Unendlichen,
das Licht und Symbol
zugleich ist.

Nur weil wir
dieses Geschenk
nicht annehmen, -
es in unsere Herzen
nicht einlassen, -
fürchten wir
die Dunkelheit, -
verharren
in der Enge,
die das Licht nicht
erleben kann. -

Ließen wir die Hektik
unserer Übersteigerungen
los ...

Unser Leersein
wäre erfüllt
von diesem
wundersamen Licht,
das mit IHM, -
dem kosmischen Christus
in uns, -
(unser Bewußtsein
erkennt es
nun endlich),

eins ist.

Weihnacht 1993

Wie verwandt und
zugleich,
wie getrennt sie
doch sind:

Das Yin-Yang-Symbol,
in dem das Licht
und die Finsternis
ineinander verschlungen
'im Spiel' sind, -

gegenüber der Finsternis
des 'Westens',
mit dem Stern darüber,
der den Weg
in die heile und heilige
Einheit weist.

Heute daraus nun, -
jedem bekannt,
den wenigsten vertraut:

kosmische Energie
in allem,
durch alles,
nur nicht angenommen
und transparent gemacht,
sondern ausgenutzt
von der materie-
besessenen Dunkelheit,
die der Helligkeit,
die sie selbst produziert,
mehr vertraut,
als der Energie,
die sie im Innersten
ist, -
als dem Ewigkeits-Licht
ausstrahlenden
Christuskind in der Liebe
der Engel, der Eltern,
umgeben von Ochs-
und Esels-Natur, -
das doch <u>in uns</u>
auf seine Bewußtwerdung
wartet, -
seit zweitausend Jahren
getragen
von aller Zärtlichkeit
der schönsten
Empfindungen
der Menschheit,
mitschwingend
im Rhythmus der Sphären, -
das sich schenken will,
wie das Kerzenlicht
und nicht durch
unsere Blockaden
hindurchdringt,

die unsere Abwehr
aufgebaut hat,
letztlich . . .
gegen uns selbst:

Das Kind
in der 'Leibes-Höhle':

Das Christuslicht
in jedem Wesen,
das dieses
durchleuchten will. -

Der ferne Osten
brauchte
den Stern
nicht.

Er ging
in die Leere. -

Dort
floß ihm
die Essenz
dieses Lichts zu. -

Die Dunkelheit ist heute,
in Ost und in West,
so ausschließlich,
daß nur die Transparenz
sie noch überlichten kann.

Wenn wir
noch aufwachen
könnten
und die Liebe
nicht nur fänden,
sondern vollendeten:

den Adel
des Daseins, -

könnte Leben
noch möglich werden.

Ohne diese Liebe aber,
haben wir
den Stern
verfehlt, -

verbrennen wir
an uns selbst, -

durchglüht
und erlöst uns,
in dieser Existenz,
die Essenz
niemals mehr . . .

uns Kinder

des Lichts.

Wenn das 'Jetzt' Wunder
sein soll,
hat es keine Spekulation
auf das Nachher
zu geben, -
keine Sucht,
die sich
in ihr Bekanntes
befreien will, -
das Wunder
nicht zuläßt.

Wunder wird
und mit ihm die Weite,
indem ich den Moment

aus der unendlichen
Bewegung
herausnehme
und mit ihm
mich selbst
in den Abstand bringe.

Nur er
erreicht Stille, -
nur sie
Transparenz.

Bewegung,
die nur
in sich selbst ist,
verliert sich, -
die nur
zum Ziel strebt,
verliert sich
im Ziel.

Bewegung,
die sich
in die Bewegungs-
losigkeit
integriert hat
und aus dieser lebt, -
bleibt offen
in eine Sphäre hinein,
der sie von jeher
angehört,
die von jeher
mehr überschaut,
als sie selbst
(darum Enge und Angst
nicht zuläßt), -
die dem Abenteuer
und der Entscheidungs-
freiheit im Unbekannten
Souveränität verleiht,

weil ihr Bewußtsein
eine vollkommenere
Dimension hat,
mit dem Mittelpunkt innen,
aus dem sie lebt,
in dem sie geborgen ist, -
Intensität hat,
die überall hinreicht
und hier
- in der Totalität
des Absoluten -
ist . . .

<u>nur</u>

hier.

Glaube
ist aus der Freude, -
ist Abenteuer, -
Vollzug
des Aufgehobenseins
in der Führung
der Geistigen Welt.

Zweifel erstarrt
und versinkt
in der Panik.

Evolution
aus dem Unerwachtsein
zur Entscheidungs-
freudigkeit
geistiger Freiheit . . .
das geht nicht
mit irgendwelchem
Gebundensein, -

nicht einmal
mit Zwang
zu sich selbst.

Leichtigkeit
und Spiel
ist geistiges Leben.

Doch ist es nur erreichbar
über das Verstehen, -
das Durchlittensein
der Widerstrebenden,
die in den Bewußtseins-
stufen verweilen wollen,
in denen sie heimisch, -
weil träge geworden sind.

Bequem
ist Evolution nicht, -
wohl aber Herausforderung
zu liebender Begeisterung
in der Vielgestaltigkeit
und Vielschichtigkeit
Geistigen Lebens.

Jeder Weg
führt ausschließlich
dorthin,
und er ist gnadenlos,
wenn du dich sträubst, -
wundervoll,
wenn du IHM aufgeschlossen
in jubelnder Dankbarkeit
(die lernst du in IHM)

dienst.

Alles Empfinden
der Einheit
genügt nicht.

Sie will in jeder
Konfrontation
mit dem Leben
neu
vollzogen sein.

Jeder Kontrast also
und nicht nur
jedes Geliebte,
will von mir
und in mich
integriert
und geborgen werden, -
ist schöpferischer
Auftrag
an mich.

<u>Alles</u>
geht durch das
'Ich bin',
das nicht
einfach <u>ist</u>,
sondern zugleich
erschaffen sein will
und erst dann 'ist',
wenn alles
seinen Platz in ihm hat,
ihm zugehörig,
eins mit ihm, -
letztlich
es selber ist.

Dann erst
ist Einheit, -
ist lebendige Einheit,
ist Liebe -

wahr.

✧ ✧ ✧

Das Außergewöhnliche
ist dem Gewöhnlichen
unverständlich.

Askese
ist dem Außergewöhnlichen
lediglich
die Bereitschaft
zur Fülle
und deren liebevolle
Verwirklichung.

Wie der Schmetterling
aus der Raupe,
so bedarf es
des 'neuen
Geborenwerdens', -
und es ist kein Zwang, -
sondern das Hineinleben
in ein neues Bewußtsein:
Das Kind wird zum Jüngling, -
das Mädchen zur Frau.
Jeder / jedes hat seine Denk-,
seine Lebenswelt,
seine Sphäre.

So ist auch die Reife
eine fortgeschrittene Form,
die nur von der Reife
verstanden wird.

Aber . . .

um nicht dem Leid
ausgeliefert zu werden,
das uns ablöst,
wenn wir
nicht freiwillig geh'n,

kann man im Dienen
die Reife
der nächsten Lebensstufe
erwerben.

Man trennt sich
von Gewohntem
und Festgefahrenem.

Man löst sich
aus dem Zielbesetztsein
und wird raumgeborgen.

Man verliert die Gier
und wird tief.

Hier
fällt die Spekulation weg,
zugunsten der Angstfreiheit,
in der Fülle.

Man <u>war</u> Eroberer,
nun
wird man Zeuge.

Man weiht sich
einer neuen Dimension.

Ewigkeit,
der man zuwächst,
bedarf der Demut.

Mit einmal
ist alles wert
gesehen, verstanden,
geliebt zu werden.

Jede Bewegung
wird wesentlich,
jeder Atemzug. -

'Askese' ist das
der Unreife,
die darüber lästert.

Dem Weisen
(der wird man hier)
ist es die einzig wahre
und liebenswerte,
weil behütende
Lebensform.

Wenn du jung bist,
dann spielst du noch
mit der Freiheit.
Dann hast du
noch Zeit dazu.

Wenn du älter wirst,
erlebst du,
daß es die Pflicht gibt . . .
nicht alleine
gegenüber irgendwem,
wohl aber,
- wenn du weiterleben willst -
als Strenge
gegen dich selbst, -

erkennst du
- immer ein wenig mehr -
das 'eherne' Gesetz,
dem du eingefügt bist, -

schrumpft deine Zeit
in den Augenblick.

Bewältigst du ihn nicht, -
oder kannst du ihn nicht
mehr bewältigen,
fällst du mit den
dann beginnenden
Leidensprozessen,
ins Nichts,
bis du stirbst daran.

Einzig
dein gelebtes Gesetz
bringt dir
deine Freiheit.

Nur
wenn du
- herausgefordert -
dich im Äußersten
beweisen kannst,
erkennst du,
daß Gesetz und Freiheit
nicht nur eins sind,
sondern auch zur Einheit
in dir
geschmiedet sein wollen, -
nicht nur dein Leben lang, -
nicht nur als Sieg bis zum Tod
und über den Tod hinaus,
sondern . . .

daß es des Lebens Sieg ist
über sich selbst . . .

und sein ewiger Auftrag.

Wenn ich, als Vater,
uns, seinen Kindern,
zuschauen würde
(was ich sollte),
könnte ich uns nur
lieb haben,
wegen unseres Bemühens,
unserer Aufrichtigkeit
und auch
unserer Verzweiflungen.

Ich könnte lächeln
und uns und alle
in die Arme schließen
für unser und aller
Bestreben,
die wir doch
so wundervoll sind:

Kinder,
bereit
zu jeder Freude,
traurig
in jedem Kummer,
trotzig und ängstlich
vor jedem Widerstand.

Ganz lieb
würde ich uns haben
und uns und allen
das zeigen,
tief dankbar,
tief begeistert,
tief bejahend,
weil wir alle
doch nur
werden wollen -
und darum leiden
und ringen
mit ganzer Seele -

die wir sind.

✧ ✧ ✧

Alles
ist geistiges Leben . . .
kosmisches Leben
im Geist.

Bin ich außer ihm,
oder auch außer mir,
lebe ich
Teilwahrheiten.

<u>In</u> ihm
bin ich nicht nur
'in allem',
sondern
mit dem Einen
und mit der Wahrheit
des Einen
eins.

Hier sind
die Gegensätze
füreinander
und zerstreiten sich
nicht
als Getrenntes:

Es lebt ein jedes
zugleich
aus dem anderen
und füreinander:

Bewegung aus der Ruhe,
Ruhe aus der Bewegung,
Freude aus dem Leid,
Leid aus der Freude.

Im Bewußtsein und Erlebnis
der kosmischen Ewigkeit

sind Intellekt und Empfindung
eine Aktionseinheit,
die theoretisch
- also durch das Denken
allein -
nicht vollziehbar ist, -

wohl aber aus einer Einheit,
die Körper, Seele und Geist
<u>als</u> diese Integrität <u>sind</u>.

Und Gott?
(hier wohl
Vater, Sohn, Heiliger Geist)
der das aktive Handeln
und die empfangene Demut
in sich trägt
und durch seine Schöpfung
aus sich herausstellt:

Geben und Empfangen:

das Männliche
und das Weibliche, -
die in beiden Geschlechtern
verschieden dominant
möglich sind?

Jede Bewegung,
die in Seiner Vollkommenheit
vollzogen sein will,
geschieht aus und in
tiefster Ruhe, -
lebt hier nicht nur
im 'Schöpfungsprinzip' -
sondern <u>ist</u> es, -
also 'ganz',
also identisch mit Gott

und darum
in völliger Bewußtheit.

In der Unvollkommenheit
ist nur ein Teil wach (wahr)
und der andere
unbewußt, also schlafend,
also unerwacht.

Der Vollkommene
ist nicht nur eins
im Denken mit allem,
sondern eins
im lebendigen Bewußtsein:
Er lebt das andere
wie und als sich selbst:

Die Landschaft
nicht getrennt, -
nicht zielgerichtet
benutzt von ihm,
sondern lebendiger
und gelebter Raum,
dem er zugehört.

So ist er nicht nur
im Atem, -
so lebt er ihn.
So lebt er den Lebensraum, -
so lebt er Gott, -
spürt Ihn an jeder Stelle
in sich, schmeckt Ihn, -
hört Ihn, - riecht Ihn, -
ist satt von Gott, -
durch Gott, -
dankt Gott unendlich, -
bleibt so in der eigenen
Kleinheit, -

in der eigenen
'Geringfügigkeit',
<u>hat</u> aber in ihr <u>sein</u> Maß
und lebt es bewußt,
voller Ehrfurcht und Liebe
um Seinetwillen, -
lebt sein Leben,
wie das Leben
mit der Geliebten
im höchsten Entzücken,
in vollkommener Seligkeit, -
lebt diese Vollkommenheit
aber nur, wenn er bewußt
mit seinem Gegensatz
identisch ist,
weiß, daß diese Vollkommenheit
immer ihren Gegensatz
mit einschließt:
Den Tod.

Und <u>das</u> gibt ihm diese
unsagbare Erhabenheit
in der Demut,
die, ausgesetzt
und geborgen zugleich,
Ehrfurcht,
höchste Lebens- und
Todesbereitschaft
in einem ist:

Schauder, Verstehen und Liebe

zugleich.

✧ ✧ ✧

Erfüllt ist,
wer sich losläßt.

Wo ist die Aufgabe,
wo das Abenteuer,
in das ich mich
hineinwerfen kann?

Wo ist das Leben,
das ich erspüren,
wo ist Gott,
den ich in allem
als Herausforderung
erleben kann, -
dem ich danken darf
<u>für</u>
diese Herausforderung? :

Hingabe
als Daseinsform, -
Ruhe,
die von der kosmischen
Aktivität ergriffen,
aber beibehalten
und <u>so</u>
Intensität ist.

Nicht groß werden
aus sich selbst
und sich draußen
verlieren,
sondern (meditativ)
in der Demut,
die wahre eigene Größe
finden,
die immer kleiner ist,
als das Ego sie wünscht,
doch komprimiert hier
in diamantene Härte,
durchsichtig, -

also lichtdurchlässig, -
facettiert
von den Anforderungen, -
widerspiegelt
was ist:

Die Jetztform kosmischer
Vielgestaltigkeit
ausschließlich, -
darum unzerstörbar.

Keine erzwungene Härte.

Gnade durch Hingabe.

Totaleinsatz
- also keineswegs
Aufgeben -
des Willens
zur Komprimierung
des Lebens
im Sein.

Nur die Blickrichtung
ist neu:
Nicht mehr zum Ego, -
sondern
durch die Demut, -
durch das Loslassen, -
durch die Leere,
die nun ohne Ego ist, -
der Liebesbezug, -
die Liebeserweckung
und dann
die Liebeserfüllung

in Gott.

Ich-Bezogenheit erreicht
ihre schöpferische Entfaltung,
indem sie gegen die eigenen
Begrenzungen kämpft
und diese besiegt.

Wer sich aber
in Größeres gibt,
der ist im Spiel, -
dem fließt
dessen Kraft zu.

Wer für Gottes
ewige Energie
offen ist,
lebt aus
ihrer Schwingung, -
ist in allem
und mit allem
eins.

Höchste Vollkommenheit
wird hier
nicht durch Kampf, -
nicht durch Sieg, -
sondern durch Hingabe.

'Dein Wille geschehe'.

'Alles, was ich berühre,
sehe, höre, rieche, schmecke,
taste, -
ist Dein Leben, -
bist Du.

Was ich in Deinem Namen
anspreche und gestalte,
entfaltet sich.

Tun ist hier Segen.

Der Kampf,
der befreien mußte,
war.

Hier ist Erlösung, -
Hier ist Frieden, -
ist keine Abwehr mehr,
ist die Begeisterung

für

den Dienst.

ER
fordert uns immer heraus.
Denn ER
will immer
unsere Entfaltung.

ER gibt uns Seine Engel
und Seine Heiligen
zur Hilfe.

Wir könnten das wissen,
wenn wir glauben könnten.

So quälen wir uns,
statt Sein Spiel
zu genießen
und so
zu bewältigen.

Vollkommene Spieler
sind wir jedoch nur
im Totaleinsatz,
und nur

die Vollkommenheit
zählt bei IHM.

Dahin
will ER
uns haben.

Was wir IHM
bisher bieten
ist unser
und erst recht Seiner
nicht würdig.

Egal,
ob wir schöpferisch sind, -
Schmerzen und Angst haben . . .

Wenn wir wissen,
daß wir uns
zum 'großen' Spiel
entschieden haben,
wissen wir auch,
daß es wunderbar 'läuft',
egal,
wie es ausgeht.

'Spieler zur Ehre
der Schöpfung, -
zur Ehre GOTTES',
ist <u>mehr</u>,
als irgendein Sieg.

Denn hier
geschieht Evolution,

hier
sind Anforderung
und Erfüllung
eins:
Der GEIST

duldet
keine Feigheiten
und keine Versicherungen.

GEIST ist Abenteuer.

Wer wagt es?

Der andere
ist immer,
als Gegenüber,
der zugehörige Teil,

ob feindbestimmt,
oder Geliebter.

Die Evolution
braucht Herausforderung,
also Kontrast-Programm.

Verwandlung
zur Liebe hin,
ist der Materie
eingegeben.

Darum stößt sie sich
bis sie
das Verstehen lernt
und dann
transparent wird, -
wie die Engel,
die ineinander
hineinschweben,
weil alles
Widerstrebende
aufgelöst ist,

und sie so
eins sind.

Aus der Erstarrung
in die lebendige Einheit,
ist der uns
vorgegebene Weg.

Wenn wir
unseren Gegensatz
annehmen, -
mit ihm leben
und ihn dann noch
verstehen
und lieben
gelernt haben,
wird aus uns das,
zu dem wir angelegt sind.

'Ich' ist halb.

Doch nicht
das doppelte Ich
ist Einheit,
sondern
das Loslassen
beider Verquertheiten,
um der Einheit willen.

Das Erste
ist immer
die Liebe.

Die Konfrontation
führt in deren
Bewußtheit.

Dann
wird Evolution
Lust . . .

Partnerschaft aller
dankbar gelebte Aufgabe, -

getragen

von der Gnade.

Immer eins
und aus Einem sein, -
aus dem sich
das Ja und das Nein
des Verstandes
später erst
isoliert haben.

Das Geflecht,
dem auch du angehörst,
kennt kein Getrenntsein
und läßt sich
von Getrenntem
nicht finden,
weil diesem das 'Mehr
als Ja und als Nein'
nicht vorstellbar ist.

Nur Geflecht ist eins.

Alles, was lebt, -
was der Verstand
nicht zerrissen hat
für seine Zwecke, -
ist eins.

Was du dir wünschst,
was du fürchtest, -
erstarrt,
wenn du es nicht
diesem Größeren anvertraust, -

wenn du nicht
das Geflecht berücksichtigst,
dem du angehörst.

Erlebe dich immer
geborgen
und gib diese Geborgenheit
allen.

Dann erfüllst du, -
bist du in einem
Vorhandensein,
das umfassender,
als dein Denken ist, -
kannst du dir
deines Wertes in ihm
gewiß sein, -

bist du Licht,
das ausstrahlt, -
das mehr,
als du selber bist, -

dankbar.

Die Zugehörigkeit
zum Absoluten ergibt
das Selbstwertgefühl
einer höchsten,
mit tiefster Demut
identischen
Bewußtseinsstufe.

Ihre Voraussetzung
bildet sich
im Unterliegenmüssen,

das sich dann selbst
gestaltet
in die Leere
zum mystischen Tod.

Ihre ausschließliche
Instanz,
die zugleich ihre
lebensgestaltende Kraft
enthält,
ist der Christus in uns: -
die kosmische Liebe.

Ich-Bezogenheit
und die Überheblichkeit
des isolierenden
Intellekts,
verhindern,
als Widersacher,
die geistige Freiheit, -
letztlich das Leben.

Wenn das nach vielen
Fehlurteilen
und Fehlversuchen
verstanden wird, -
beginnt das Loslassen, -
dann die Meditation,
um ewigkeitsweit
<u>mit</u> der Vielfalt
und ihren Kontrasten,
leben zu lernen, -
wird allmählich
jene Substanz frei,
die den Demütigen
heraushebt
über die Quengeleien
der negativen
Alltäglichkeit.

Das ist nicht überheblich.

Wer genug gelitten
und die Wohltaten
des Überwindens
der eigenen
Eitelkeiten
erfahren hat, der verfällt
diesen Negationen
nicht mehr.

Dank der Gnade
und im unentwegten
eigenen Bemühen,
bildet sich Sicherheit . . .
wird Größe . . .
Absolutheit des Adels
der Bewußtseins-Einheit.

Das macht wertbeständig
und heilt jede Schwäche.

Durch dieses Adels
unaufgesetzte
Vorbildfunktion,
die nicht mehr
Dünkel ist,
sondern von Gott kommt,
wird die Zusammengehörigkeit
der Menschheit
verständlicher, -
ihr Zusammenleben
herausfordernde Gestaltung, -

wird

Liebe untereinander.

✧   ✧   ✧

Jeder braucht <u>seine</u> Zeit.

Diese zähe Beharrlichkeit,
mit der DU mich nicht
aus der Spur läßt, -
mich immer ein wenig
mehr forderst, -
und wenn ich meine,
jetzt
müßte ich es doch
endlich geschafft haben,
mir zeigst,
daß es ja jetzt erst
mit uns interessant wird.

Wenn die Angst dann
immer noch durchbricht, -
denn mein Vertrauen zu DIR
ist ja längst
noch nicht stark genug
(immer noch meine ich ,
alles alleine machen
zu müssen), -

Lösungen präsentierst,
die mein Intellekt
niemals erreichen könnte
und außerdem bereits
mit dem nächsten
Problem aufwartest,
dem meine Verlorenheit
auch hier wieder
nicht gewachsen ist,
weil ich DIR
einfach nicht zutrauen mag,
daß DU das tatsächlich
im Griff hast, -
daß ich mir nicht doch
etwas vormache
und darum

nun endgültig
in's Aus laufen werde . . .

Das ist echt
atemberaubend, -
geradezu hinterhältig,
wie DU mich
in den Glauben zwingst, -
wie DU mich forderst.

'Wen dieser Engel überwand . . .'
Rilke vor Jahrzehnten.

'Ewigkeitsherausforderung'.

Jetzt erst beginne ich
'DU' zu DIR zu sagen
und auch . . .
DICH zu lieben.

'Jahrzehnte'!

Jetzt erst
erkenne ich,
wie notwendig
wir füreinander sind,
und wie ich ohne DICH
garnichts, -
und mit DIR
ein König, -
ein Fürst.

Doch ohne die Demut
noch weniger,
als garnichts.

Wundervoll
ist das alles . . .

alles

ein Wunder.

Und alle sagen, -
es gibt keins, -
weisen auf DEINE
'Grausamkeiten' hin,
weil sie selbst
grausam
und unentwegt
im Abwehrkampf sind,
statt die Herausforderungen
durchzustehen, -
endlich zu lernen,
sich selbst
zu besiegen,
statt immer wieder
die anderen, -

damit sie lernen könnten,
daß DU und DEINE Welt
wunderbar ist,
nur eben
immer gerade so intensiv,
daß der äußerste Einsatz
das mindeste ist,
was gebracht werden muß . . .

das . . .

mindeste.

Wenn du Hilfe brauchst, -
dann nur
von Gott.

Wende dich nicht
an die Menschen, -
gar an Astralwesen
(die ja auch immer noch
Hilfe brauchen).

Bei ihnen
zahlst du zurück, -
Zinsen auch noch, -
jetzt schon
mit deiner Würde.

Nur bei IHM
bleibst du klar, -
betest du:
'DEIN Wille . . .'
und bist gebettet.

Wenn du trotzdem
in deiner Not bleibst, -
stehst du
in einer Schuld, -
fordert ER zuerst
deren Auflösung.

Gebettet
bist du trotzdem.

Bewahre dir
deine Würde, -
deine Liebe,
zu IHM
und <u>allen</u>
seinen Wesen . . .

Sei demütig.

Verrate IHN nicht, -
verrate dich nicht.

Verzeih,

denn meine Forderung
steht nur
der Reinheit zu.

Die aber
stellt sie nicht.

Sowie
das Selbstmitleid
in dir aufsteigt,
verkrampft
dein Vegetativum,
ziehst du dich
zusammen,
nimmst du dich
aus dem Spiel,
<u>bist</u> du
herausgenommen,
stirbst du letztlich,
ist das
heilige Jetzt verloren,
beginnt Unheil, -
ist die Liebe,
die du
eben noch warst,
verletzt, -

verletzt du

die Liebe.

Gerade die
Geringfügigkeiten
haben ihren
besonderen 'Reiz',
wenn du die
unentwegten
Anforderungen
annimmst
und erfüllst.

Eine
Winzigkeit mehr,

kann oft ein Zuviel
('gesundheitsschädlich'
sagen die Mahnenden)
sein.

Ein Gedanke,
den du an nachher
verschwendest,
weil du das 'Hier'
nicht beachtest,
ist schon 'Sünde'.

Doch die bedrängt
hier nicht mehr
im Spiel,
das dich leicht
zu lassen hat
und unbeschwert,
weil Schwere
herunterzieht
und der Moment
nicht belastet sein
darf,
weil das tödlich wäre,
während Glück _ist_:

'Wunder', -
Sensibilisiertestes
Getragenwerden
einzigartiger Intensität
totaler Stille
im Tun.

Wehe,
wenn du da
ausweichst.

Es ist kaum
zu ertragen. -

Welch' eine
Herausforderung!

'Blöd'
sagen die anderen
und lächeln.

Wären sie
an deiner Stelle, -
sie wären noch nie
so vollkommen

im Glück.

Wehe, -
du überläßt dich
dem Denken
und den Emotionen,
wenn du dich
entschieden hast, -
wenn du
bereit bist,
deine Not anzunehmen
und durchzustehen.

Sie verschlingen dich.

Nur dein Glaube
hilft hier, -

die Zähigkeit innen, -
der Fels,
der du zu werden hast, -

ausschließlich
natürlich
die Liebe. -

Dein Dank
an Gott,
das durchstehen
zu <u>dürfen,</u>
läßt dich
offen bleiben
für die Intuition, -
für Seine Geborgenheit
und . . .
wenn ER will . . .
für deine Rettung . . .

für den Sieg, -
der hier jedoch
nicht mehr allein
dein Sieg, -
wohl aber dein
(und gewiß auch SEIN)

Jubel

ist.

Die Absolutheit
der Ruhe sein,
<u>vor</u> allem Denken
und Tun:

Die tiefste Tiefe,
aus der
das Leben quillt . . .
in der es endet.

Hier
bist du getrennt
und lebst
dieses Getrenntsein.

Das
verzeiht dir
die Abhängigkeit
nie, -
die Liebe fordert
und nicht
wahrhaben will,
daß die Reinheit
der Liebe
hier erst beginnt, -
die Reinheit
des Lebens, -
des Seins
in sich selbst. -

Reines Licht,
reine Stille,
reine Ausschließlichkeit
sind jenseits
von Denken
und Tun.

Hier erst
bist du für Gott, -
bist du für dich
und die anderen

wahr.

Bewahre dir
die Distanz.

Sie wollen
herunterziehen.

Sie wollen
ausnützen.

Gestatte ihnen
das nicht.

Fordere sie heraus.

Doch versündige dich
nicht
an der Liebe.

Du bist in höchster
Verantwortung.

Wenn du beleidigst,
fällst du heraus
in die Kälte, -
in die Gemeinheit,
bist du wie die
mit der Bombe
und die
mit der Geilheit
(wie nahe das alles
beieinander ist).

Reiße sie
durch die Distanz
heraus
aus der Wehleidigkeit.

Lasse sie
im richtigen Moment
allein,
damit sie sich
bewähren.

Denn Liebe
ist mehr,
als Anhänglich-
oder gar Abhängigkeit.

Sei Liebe,
die das Leid
in sich einschließt:

Hingabe
und Forderung
zugleich.

Erst wenn sie
handeln müssen,
bis sie selbst
Liebe sind,

werden sie

frei.

Wenn der Blick
sich sammelt, -

draußen
die Vielfalt läßt
und in sich ruht . . .

wird aus den
unendlichen
Möglichkeiten
die eine.

Wenn das
eingesammelte Eine
nicht mehr Besitz, -
sondern Wesen ist, -
fügt sich zwanglos
das vielgestaltige Außen
- einfach durch Einfalt -
in das eine Bewußtsein
ein.

Liebe zu DIR
ist bedingungslose
Bereitschaft
für DEIN Geschehen:

Ausschließliche Hingabe. -

Also Passivität, -
Loslassen, -
Aufgabe des Ich? -

<u>Für</u> DICH,
um der Einheit willen
deren Teil ich bin.

Ich durchbreche
meine Begrenztheit,
zugunsten
DEINES
unendlichen Daseins,
im kosmischen Dienst, -
der nicht Sklaverei, -
nicht Abhängigkeit, -
sondern höchste
Seligkeit ist, -
weil mein Wesen
nicht vollkommener
gelebt werden kann,
als durch DICH.

So ist
durch meine Hingabe
an DICH , -
der DU
schöpferische
Energie bist, -
mein Leben in DIR
absolute Intensität
schöpferischsten Tuns
reinster, -

und das ist auch
angstloser, -
depressionsloser
und damit
negationsloser, -
Freiheit,
die ohne DICH
niemals
erreichbar ist:

Absolute Übereinstimmung, -
nachdem mein Hochmut
wieder und wieder
gebrochen . . .
DEINE Liebe nun
endlich von mir
'akzeptiert',
bejaht
und gelebt wird

in Demut.

Je mehr Raum
du in dir zuläßt,
desto leichter durchfließt
und erfüllt dich
die Energie
der Unendlichkeit, -
desto vollkommener
strahlst du sie aus,
wenn du dir ihrer
- also alles Lebens in dir -
- also Gottes Odem in dir -
und in allem -
bewußt bist, -
um so unbeschwerter

ist dein Atem, -
darum dein Handeln.

Wenn du alles
als 'Du' siehst
und es mit dem 'Du'
ansprichst innen, -
wenn du dich in allem
dem 'Du' Gottes hingibst
und Ihm offen
und durchlässig dienst,
denn <u>alles</u> ist Teil
des Absoluten,
dient darum einander,
wenn es transparent ist, -
wächst sein
und wächst dein
Vertrauen, -

beginnt Anbetung.

Diese helle Wachheit
des 'Daseins für . . .'
ist der Sieg,
der dich leicht macht.

So lange du
dich ausgesetzt fühlst,
erschlaffst du schnell
in die Sphärenlosigkeit,
verbittert
und immer sterbend.

Welch Wunder,
wenn du gelöst

<u>für</u> etwas sein kannst,
das aufblüht . . .
das <u>durch dich</u> aufblüht.

Welch ein Glücks-Empfinden!

Ja . . .

Mit dem Empfinden
und dem Loslassen
deiner Vorgefaßtheiten
alleine schon,
erlöst du anderes
und
in diesem immer neuen
Bemühen
mit den anderen . . .
um die anderen, -

auch dich selbst,

durch Ihn, -
durch Ihn allein. -

✧ ✧ ✧

Geistbestimmt:

Raum
aus unendlichen
Räumen
und in ihnen
geborgen.

Sphären,
die Leben schenken
und hüten.

Licht in allen
von uns, –
entfaltet
entsprechend
dem Grad
unserer Bewußtheit,
bis . . .
in den erschütterten
Jubel.

Mit dem Mut
hat das so
seine Bewandtnis.

Es gibt diese
gefährdete Stelle,
die Hagen
mit seinem Speer traf, –

die Gott vorbehalten ist.

Ohne sie
bist du im Größenwahn
und verfehlst
deinen Weg
in die Liebe.

Alltäglich
bestehst du
deine Gratwanderungen, –
deine Segeltörns,
wenn der Sturm
über dich herfällt.

Du warst auch dein Urahn
mit dem Säbel
und dem schnellen Pferdchen
- verzeih ihm.
Er konnte noch nicht anders
und mußte sich auch bewähren. -

<u>Du</u> mußt dich bewähren,
und du brauchst ihn
und das alles, bis heute,
als Bild,
das zum Mann macht,
ob du es wahrhaben willst,
oder nicht.

Doch diese tiefste
und geheimste
Verletzbarkeit,
die Hagen kannte, -
die jeder hat, -
du 'Reiter' auch,
mit deinen gewirkten
Goldkordelgeflechten, -
der du eine lustvolle Einheit
mit deinem Pferdchen warst
- ' wie Samt und Seide' -
und deiner Flatterfahne
darüber . . .

Diese Stelle, - du Reiter,
die Gott vorbehalten ist,
weil <u>du</u>,
- gerade durch sie -
Gott vorbehalten bist,
in der Liebe,
ist nun auch dir bewußt
und wird immer mehr
eins mit dir,
wie Pferd

und Fahne
und mehr noch.

Arm sind sie,
die da Abhängigkeit
daraus machen
und ohne Gott
doch nur
einen geringfügigen Teil
von sich selber kennen, -
die einen Panzer aus Haß
über ihre Verletzbarkeit
breiten,
obwohl diese der Ansatz
für ihre Rettung
und zu ihrer Liebe ist, -
die nicht siegen können,
weil sie im Sieg sind
und es nicht wissen, -
die sich aufblähen müssen
um mutig zu sein,
obwohl sie doch
in der Sphäre leben, -
gerade darum
in aller Labilität
dieser Reiter-Wachheit
zu sein hätten, -
bis dieses Gewaltige
des Jubels, des Geführt-
und Bewußtseins
aufbrechen kann,

wenn . . .

ihre Demut

siegt.

✧ ✧ ✧

In dem
für den Verstand
Ausweglosen:
die Vorurteile
und deren Aktivitäten
weglassen,
um 'hineinzusinken
in das Geschehen
der Muster
der Transzendenz',
denn der Verstand
verhindert Dasein,
solange er nicht
das Hineinsinken
zuläßt.

Immer noch meint
das Kleinhirn
das erste zu sein,
obwohl es als letztes
zur Objektivierung
hinzukam, -
statt sich einzuordnen,
um aus dem Ganzen
den mystischen Bezug
der Wesenszugehörigkeit
- nun aber bewußt -
leben und lernen.

Ausweglosigkeit
und Panik des Denkens
zeigen allein,
daß dessen Grenze
erreicht ist,
die es nicht
überschreiten kann,
weil es nicht
dafür angelegt ist, -
so sehr es sich auch
als Geist aufspielt.

Darum erstarrt der Intellekt
vor dem Nichts,
das feinere Substanz
als er selber ist.

Darum
ist sein Geistanspruch
Blasphemie, -
es lebt indessen,
wer im Geist geborgen,
in freier Verfügbarkeit.

Den hebt die Welle, -
verschlingt ihn
und wirft ihn
über sich selbst hinaus.

Der
überläßt sich
der Leere des Nichts,
indem er sich leer macht.

Er hat die Schwere
durchlitten
und ist leicht geworden
im Jetzt
und dann wieder
im Jetzt
und dann wieder:

Ausschließliches
Dasein . . .

leicht . . . :

Der Seele Seligkeit.

Welch' eine Herausforderung.
Welch' eine Geborgenheit.

Wer
in der Turbulenz
des Denkens
die Leere erreicht
und das Jetzt lebt . . .
hat die Sonderung
überwunden.

Die Hingabe
ist nur möglich
im Bewußtsein
der Einheit.

In der Dualität
braucht jeder
die Rücksichtslosigkeit,
um den Gegensatz
zu besiegen.

Sind die Partner aber
von einem Dritten
getragen,
schenken sie sich,
unterwerfen
sich nicht.

Wie der Atem
Empfangen und Geben
in einem ist,
und keines ohne

das andere
sein kann, -

wie ein jeder
ohne die kosmische
Lebenskraft . . .
ohne Gott . . .
vereinzelt, -
ohne Waffe
dem 'Lebenskampf'
'schutzlos'
ausgesetzt ist, -

wie in dem vergangenen
Bewußtsein
Tag und Nacht
sich 'befeindeten' . . .

ist nun endlich alles
als Geschehen,
das sich polar ergänzt
und einander zugehörig ist,
erkannt, -

Gut und Böse
nicht mehr identisch
mit Tag und Nacht (Relikt
des aufgelösten Bewußtseins),
sondern das Böse
lediglich Mangel
an Gutem. -

Heute
wird das Symbol
des Yin und Yang
transparent, -
nicht mehr
der Gegensatz dominant,

nun aber das Umschließen
und Übersteigen, -
nicht mehr die Fläche
die Grundlage,
die sich nicht überhöhen kann,
sondern
die atmende Kugel
des Lichts,
'das <u>ohne</u> Finsternis ist':

Erkenntnisreinheit,
welche die Schärfe
der Kontraste
überstrahlt
und zurücktreten läßt, -

bereit wird,
die Waffen abzulegen,
den Ehrgeiz
als 'in der Enge
verharrend' versteht, -

in der Verbissenheit
nun aber
ein Klang,
- der anschwillt,
aufsteigt, überwältigt, -
zum OM wird, -
zum Amen, -
zum überströmenden
und dankerfüllten

All-Gesang.

✧   ✧   ✧

Einheit ist immer.

Das Vordringlichste ist nicht,
daß wir durch sie
geheilt werden, -
sondern,
daß all unser Tun
ein Zusammenfassen
von Getrenntem
in diese Einheit ist.

Es ist also immer
ein Herauswenden
aus der Isolation des Ego
und ein Hineinwenden
in die Ganzheit:

Indem wir heilen, -
also die chaotisch
gewordene Welt
in die Einheit
zurückgestalten . . .
sie schöpferisch
bewußt machen
und aufblühen lassen, -
werden auch wir heil.

Durch Seinsbewußtheit
wird jeder Augenblick, -
wird jedes Empfinden,
jedes Denken,
jede Bewegung integriert, -

somit gesund,
somit von Erstarrungen
erlöst.

Geistige Übung
ist Einheitsvollzug.

Geistige Übung
ist immer Sehnsucht
nach Einheit, -
darum Bemühen,
der Vollkommenheit
nahe zu sein.

Diese *ist* wahr,
ist heil,
somit heilig,
somit Heilung
von allem
Vereinzelten, -
erlöst aus der
Zielgerichtetheit
der Zeit, -
geborgenes Dasein
des Ewigen, -
Weite, die Vergangenes
hinter sich hat
und doch aus ihm lebt, -
deren Zukunft
im Jetzt
schon Gestalt ist, -
Ruhe, die hier
Regeneration bedeutet, -
Versunkensein
in den, der 'DEIN WILLE'
gesagt hat
und das leistete: -
Zentriertes Kreuz: -
Ewigkeitsmitte, -
drangeschlagen
von sich selbst, -
unvereinzelt
im Absoluten
der Eins.

Der sich
in geistiger Disziplin
Übende

wird demütig
und aus der Demut
wahr.

Wenn du die Übung
für dein Ego machst,
ist sie zweckgebunden,
verfälschst du ihre
und deine Wahrheit.

Willst du ihren
und mit ihr deinen
ausschließlichen Wert,
hast du den Zustand
herzustellen,
in dem du ganz
in ihr bist.

Dein Wesen
erreichst du nur,
indem du dich
anderem Wesen gibst.

Läßt du das Ego
nicht los,
ist Spekulation
im Spiel.

In der Seins-
Ausschließlichkeit
jedoch,
erreichst du eine
Verfügbarkeit,
die du nicht bestimmst . . .
der du aber
in hoher Bereitschaft
dienst.

Asana

Nur so
kann eine Bewegung, -
eine Ruhe, -
eine Haltung
in ihrer Einzigartigkeit
sein:

Höchste Potenz.

Urbild
und Neuvollzug
identisch
durch Ego-Zurücknahme.

Statik und Fließen
nicht Widerspruch,
sondern Ergänzung:

Einheit,
die lebt
und Leben,
das offenbar ist. -

Nichts außerdem.

Harmonisch-überhöhte
'Verzauberung'
im Atem,
der nicht nur Funktion,
sondern gelöste
Selbstverständlichkeit
in sich selber ist:

'Wesen' . . .

Wie der Baum,
der Vogel,
das Fließen
des Stromes,

die Liebe,
das Lächeln,
die Dankbarkeit . . .

alles Vorhandene.

Bemühen und Entspannen
waren . . .

davor:
Erstarrung und Leid.

Hier ist harmonisiertes
Leben Ausdruck
in seiner
Ausschließlichkeit
und man versteht:

Was im Vegetativen
natürlich, -
ist im menschlichen
Stil, -

existiert
als Erworbenes
mit Vorbild-Charakter,
der geprägt wurde
durch Generationen
in jeder Bewegung,
jeder Ruhe,
jeder Haltung, -

ist nun Vollzug hier
und zugleich
gelebtes Bewußtsein . . .

Genuß ohne Unsicherheit,
ohne Pathos.

Konstruktion
ist überwunden
in lebendige Schwingung, -

entzogen
dem Zufall:

heil,

darum heilig,

hier.

Wenn ein höchstes,
für unsere materiebezogenen
Maßstäbe also körperloses
und ewiges BEWUSSTSEIN
dieses Leben gestaltet hat,
dann reicht ES,
damals, wie heute,
durch uns hindurch, -
ist unsere Freude
die SEINIGE
und ebenso unser Leid.

Dann sind wir mit IHM
nicht nur 'in einem',
sondern 'ein' Vollzug, -
ein Geborgensein, -
eine Pflicht, -
eine Freude,
sind wir, isoliert von IHM,
SEIN Leid
und <u>mit</u> IHM,
in unserer Aufgeschlossenheit,
SEINE Glückseligkeit.

Da fast alle Menschen
im Leid sind
und SEINER Glückseligkeit
fern,
leidet dieses hohe Bewußtsein
wie sie, -

ist GOTTES Sohn noch immer
ans Kreuz geschlagen
und wird ER,
unter der Dornenkrone,
in jedem von uns Isolierten
und Isolierenden, immer noch
mit uns gefoltert,
wie wir mit IHM,
die wir IHM und uns
SEINE Liebe verweigern. -

Wie <u>kann</u>
höchstes Bewußtsein
leiden?

Wie paßt das
zu SEINER hohen Schwingung,
die doch reinste Glückseligkeit ist? -

Sie ist zugleich

höchste Stufe

der Liebe.

Raum -
innen und außen,
Sphäre,
in der du bist,
die durch dich
hindurchgeht,
die sich in dir
verdichtet hat,
in dem Baum dort,
dem Tier,
deinem Partner,
trotzdem
Sphäre bleibt,

eine Sphäre,
die du spürst,
die du lebst:

Ein Klang
mit allem,
ein Rhythmus,
eine Liebe,

weil . . .

du
dich
gibst.

IHM.

Rosa
und Lila
und Hellblau:

Dieser Hyazinthenduft
erzeugt
eine andere Qualität
in dir.

Da lächelt etwas,
das du
nicht beachtet hast.

Nun
bist du erfüllt, -

ist der Frühling schon

- bist du -

aufgeblüht.

Grau
im Staubgrau
des Eises
und unbewegt
dieses Etwas,
das erst allmählich
als Reiher
erkannt wird:

Ein Bein,
das sich hebt
und dann senkt, -
ein Kopf,
der sich wendet:

Die Bewegungslosigkeit
bleibt trotzdem.

Dazu ein Blick,
der nicht losläßt.

Das fasziniert:

Diese Einheit
von Sein und Tun,
die uns
noch fremd ist.

Du
kommst nur einmal hierher
und hast
das ganze Panorama
der Bergwelt
in seiner unendlichen Weite
ausgebreitet vor dir, -

winzige Berg-Seen
vor deinen Füßen,
die so klar sind,
als wären sie nicht,
obwohl sie den Himmel
spiegeln,
mit dem Falterspiel
über ihnen,
das nicht
zu wissen scheint,
welchem Himmel
es angehört.

Alle Wassertropfen
des Nebels
sind hier eingesammelt,
der monatelang
die Schritte hinauf
verhinderte.

Welche Gnade,
daß dir
dieses Erleben
gewährt ist.

<u>Ja</u> :

Gnade.

Jetzt weißt du's, -

bist du unendlich
angerührt, -
erfährst erschüttert
dein Leben . . .

dankbar.

✧ ✧ ✧

Erinnerungs-Bilderbuch 1994

In Köslin geboren,
gelebt dort,
mit wenig Vertrautem,
- aus anderen Ländern
kamen die Eltern -
wurdest du erst
als Vertriebener
unbeschwert.

Durch diese Photos
erkennst du nun doch
dein Verbundensein, -
zugleich aber,
wie endgültig für dich
und viele andere
diese Stadt,
durch die Grenze,
von dir
getrennt ist.

Das berührt dich mehr,
als du glaubtest. -

Zudem weißt du nun,
wo, über die Jahre hin,
doch manch' eine
deiner Traurigkeiten
'beheimatet' war.

Selbstverständliches
damals:

'Junge':

Worte,
die es nur dort gab, -
die nun herüberklingen.

Trotzdem:
die vielen Kinderwege,
die so unglaublich
schwer waren
und immer und immer und
immer wieder gegangen wurden, -
von denen in dieser Stadt
kein Mensch etwas ahnte, -
prägten dich.

Heute
erkennst du
ihre Notwendigkeit,
um der Vielen willen,
die in all' den späteren
Jahren,
durch dein Bereitsein
zur Fremde,
bei dir Heimat
und Rettung fanden,
weil sie verstanden
wurden.

Unverlierbar:

Der Blick
vom Gollenturm:

Nach Süden,
über nie endende Wälder
(die dann später
zum Schwarzwald wurden)...

In den Norden
zu den zwei Seen,
mit den feinen
Landbegrenzungen
zur Ostsee hin,
die sich am Horizont
in den hellblauen Himmel
verlor -

und . . .
erahnt irgendwo . . .
dieses Bornholm darin
(Phantasie-Land,
das später,
als eine ganz andere
Realität
wiedergefunden wurde).

'Pommerland . . .
abgebrannt' . . .
hieß es . . .

wer Zusammenhänge findet,
der verurteilt nicht mehr, -
urteilt anders, -
lernt lieben
in Fremdem, -
auch und gerade . . .

'wenn in stiller Stunde' . . .

. . . 'die Träume' . . .

✧   ✧   ✧

Wenn du
mit der Jolle
diese Bö
durchreitest,
bist du dort,
wo deine Angst
dich verloren weiß.

Doch sie erreicht
dich hier nicht.

Wenn du
dein Spiel spielst, -

wenn du
deine Einzigartigkeit
lebst, -
bist du getragen.

Nirgendwo
ist deine Siegesgewißheit
größer, -
dieses sphärische
Anderssein,
das du eigentlich
bist, -
von dem deine Seele
dir Lieder singt.

Doch du stopfst dir
die Ohren zu,
weil du zu feig
zu dir selber bist,
weil du
deine Schablonen lebst,
weil du
erstarrt bist
in deiner Verlorenheit,
die doch
morgen schon
überwunden ist:

Wenn du
die Bö durchreitest,
wenn du
dein Spiel spielst,
wenn du
deine Einzigartigkeit
lebst, -

bist du getragen.

Erinnerung I

Am See

Das bist du, -

der da
schon immer saß, -
durch das Wasser
den Grund
und das Wellengekräusel
darüber sah. -

Der den Blick hob
und in der Weite war,
mit den Segeln darin
und den Möven darüber,
die deine Seele
durchgleiten, -
endlos

und ohne

Getrenntsein.

Erinnerung II

Dieses Wiegen der Pappeln,
wenn der Wind sie bewegt.

Sie müssen sehr alt
gewesen sein,
als du in ihnen
dein Nest bautest,
um mit der Weite
des Meeres
und seinem Rauschen,

das auch in den Blättern war,
eins zu sein.

Sie begleiten dich:

Vor deinem Fenster
sind sie auch jetzt
bewegt,
wenn der Wind
sie durchweht
und die Berge dahinter,
mit dem schwarzen
Tannengewoge
den Blick
nirgendwo
enden lassen, -
du gerade darum
geborgen bist
und
die Unendlichkeit

lebst.

Über 15 Jahre
in Baden-Baden

Das Tal
hat Weite.

Beim Frühstück
der Blick
aus dem Fenster
zu den
Mini-Staustufen mit
ihrem Fließen darüber,
dem großzügigen Rasen
dahinter, -

den gepflegten Rabatten, -
den weiß und goldenen
Säulen von Weinbrenner:

Schostakowitsch
mit der Leonskaja, -
Bach's Cembalo-Konzerte, -
die Haydee
mit corps de ballet, -
aber auch Candlelight
zum Jazz. -

Dieser großartige Ball
dann,
und ein anderer
mit dem Riesen-Rosenstrauß
voller Neuzüchtungen
für Marielú,
weil das gerade so
mit dem Geburtstag
zusammenpaßte.

Wichtig ist,
Höhepunkte zu setzen, -
alles als Ausnahme erkennen, -
wie diese Stadt,
in dem einmaligen
Zusammenklang
von Sichtbarem
und Erinnerung, -
und dann noch
ein Paar sein:
'Wie gut,
daß wir wieder einmal
gegangen sind',

Zeit braucht man hier,
auch,
wenn man sie nicht hat.

Jede Menge
Herausforderungen
im Leben,
sollte man bereits
hinter sich haben,
damit sie sich hier
glätten . . .
zum Gedicht werden.

So viel Grausames
da draußen. -

Wie verdient man sich
Baden-Baden?

Indem man
das Notwendige
sichtbar macht,
und Tranzparenz schafft.

Auf dem Rennplatz, -
im Casino die Spiele,
sind Surrogate, -
heute natürlich
'en vogue',
weil man
nichts anderes hat.

Darüber schwappt
die Reisebus-Welle.

Kultur
will man sehen
zu dieser Zeit,
nicht machen.

Das Besondere:
Die Blumen-Arrangements
und die Frauen,
sind Ausnahmen, -

Männer immer noch
Untertreiber:
Die 'Achtundsechziger'
wirken noch nach.

Wie lange das dauert, -
auch <u>mit</u> Porsche.

Vom Merkur oben,
wirkt alles possierlich, -
der Rhein sauber, -
wie C.D. Friedrichs
Riesengebirge,
gesund:
der Schwarzwald.

Es gibt noch Oasen.

Wer das empfindet
und dann noch
zu zweit ist
und sich manchmal
ein wenig schämt,
obwohl
er es nicht
geschenkt bekam
und es sich
schon gar nicht
erspielt hat,

der . . .

verdient es wohl . . .

irgendwie.

✧ ✧ ✧

Krippenhof

Über der Stadt, dem Wald
und den Bergen
segnend
der Marmor-Engel
in Säulen und Blau. -

Schweigen,
in dem die Luft,
unbewegt
über dem Violett
und dem Lila,
dem Weiß und dem Gelb
von Rhododendron- und
Azaleenblüten steht.

Später:
Hortensien
in Rosa und Stahlblau, -
der vielfarbigen
Rosen Strenge und
- auseinandergefaltet -
ihr Überschwang..

Innen:
Nach den bewegten
und den bewegenden
Jahren
des Ausgesetzseins, -
nach Vergewaltigungen
und Erstarren,
der erschütterte Durchbruch
zum Wesen, -
das Aufblühen der Seele,
das Sich-Öffnen,
das Spüren-Lernen,
der Tanz,
das Loslassen-Dürfen
der Abwehr:

Tränen der Freude,
Lächeln,
das aus dem Herzen kommt,
Berühren, -
Umschließen,
zaghaft zuerst,
dann überströmend
und dankbar:

Liebe
darf wieder werden,
die aus Zartheit
und Zärtlichkeit
einander entgegenschwingt, -
einander aufschließt.

Entzücken
und Seligkeit, -

Friede
an den niemand
heranreichte, -

hier
beginnt er.

Wie wunderbar
ist dieses Müdesein,
das die Nacht
dir bringt,
wenn sie
dich einhüllt, -
wenn du
ihr Raum gibst
und Hingabe
deine Seele

aufblühen läßt
in die Sphären
deines Geliebtseins.

Nichts widerspricht
dir dort,
alles mag
und erfüllt
und verströmt sich, -
gehört einander,
ist unbegrenzt.

Du hattest dir
Ziele gesetzt.

Nun bist du
am Ziel,
das keine Entfernung
kennt.

Deine Seele
durchfliegt dich,
gleitet
in Ewigkeiten,
wird weit,
wie sie. -

Wunderbar
dieses Müdesein,
das die Nacht
dir bringt,
wenn sie
dich einhüllt
und du dich ihr
anzuvertrauen
gelernt hast.

Morgen?

Ihn
gibt es hier nicht.

Augenblick zählt,
wenn Hingabe ist.

Sie hebt die Zeit
in die Endlosigkeit . . .

von Frieden.

Diese Traum-Tanz-
Illusionisten,
die ihre Depression,
ihren Frust,
nicht wahrhaben wollen,
sich und den anderen
Ideale vorgaukeln,
um zu überleben,
bis ihr Chaos
sie einholt . . .

Drahtseil-Spezialisten, -
Rattenfänger
mit dem Lächeln,
das ganze Generationen
hinter sich herzieht
und dann
in den Abgrund
fallen läßt . . .

Show-Dirigenten
mit übergestülpten
Wahrheitsmasken
die meinen, sie wären das
und dafür
im Glitzer-Geflimmer
bejubelt werden,
Hochleistungs-Kapriolen
schlagen, oder

im Fahnen-, Trompeten-
und Trommelschwall
heldisch tönen, -
den eigenen Untergang
zu überspielen meinen . . .
nein . . .
nicht den Untergang . . .
ihr nicht zustande
gekommenes Leben, -

'Vorbilder' ihrer
'Kinder von Hameln'
im Flötentanz,
im Totentanz dann,
die nicht gelernt haben
was Leben,
viel weniger
was Erfüllung ist,
die ihre Angst zulassen, -
ihre Wehmut
erkennen
und dann
zu überwinden hätten,
damit das Lächeln
aufblühen könnte,
das wahr ist, -
mit dem sie sich
flitter-, fahnen-,
vorurteils-,
illusionslos
in die Arme nähmen, -
nicht in Todes-
und Verzweiflungs-Panik,
sondern in der Stille
des Einander-Angenommenseins
und darum

im Frieden.

✧ ✧ ✧

Dieselben Gesten, -
dieselben
Erwartungshaltungen, -
dasselbe Geschehen, -
nicht nur eingespielt
durch die Jahre:

Muster, - Geflecht,
das sich bildete, -
das dir zu leisten
bestimmt ist , -
dem du angehörst, -
das dir
zum Abenteuer, -
dem du zum Abenteuer
wurdest,
weil es dem Dasein
gemäß ist.

Dankbar,
wenn Erwartungshaltungen
zurücktreten dürfen, -
Bestätigungen
weniger notwendig, -
Vorhandensein
übermächtig, -
Fließen
zur Geborgenheit wird,
Ausweitung erkannt . . .

als unendlicher
Liebesauftrag

der Seele.

Diese Dimension
hatte man dem Bewußtsein
bis heute nicht zugebilligt:
Schöpferische Kraft,
die sich umsetzt
in Wirklichkeit, -
die,
über Jahrhunderte,
oder Jahrtausende hin,
allmählich erstarrt
(aus Feinem wird Festigkeit)
und von einem umfassenderen
Bewußtsein überwunden wird.

Geburt und Tod
auch im Ewigkeits-Maß.

Bleibt dieser Ablauf
im Lebendigen,
geschieht Entfaltung, -
reißt er sich aber
aus dem Leben,
- wie heute -
wird . . .
schlimmstes Wort . . .
Funktions-Bestialität
daraus.

Darum nun
die Depressionen
die nicht die Krankheiten
von Vereinzelten sind,
sondern
Vereinzelungs-Krankheit
aller derjenigen,
die immer noch meinen,
daß ihre Vergewaltigungs-
Mentalität
Leben sei.

Leistungs-Besessenheit
erreicht kein Leben, -
erst recht keine Liebe,
obwohl letztlich alle
nichts anderes wollen.

Höchstmaß an Perversion:
'Liebe machen',
wie sie das nennen.

Das kann man nur,
wenn man schon
in der Depression
erstarrt ist, -
bei noch so viel Fitness:

Verlorenheit
und Verlogenheit
einer Eltern-Generation,
deren Nüchternheits-,
und Verstandes-Bewußtsein
nicht einmal durch Kriege
aufzubrechen waren.

Nicht Leistung ist Liebe, -
sondern Urerfahrung,
die sich heute
in Seins- Bewußtsein
verwandeln sollte.

Diese Urerfahrung aber fehlt
den alleine gelassenen
Kindern.

Darum rangieren sie
auf dem Abstell-Gleis,
sind noch stolz darauf
und bezeichnen das,
helden-heroisch,
als einzige Realität,
die sich aus Selbstmitleid
wichtig _tun_ muß,

statt
(natürlich im 'stillen
Kämmerlein')
das Herausheulen zu lernen,
damit ihre Empfindung
wieder aufbrechen kann
und sie wahr werden dürfen,
um in dieser Einfachheit,
das Schicksal
annehmen zu lernen,
das ihnen bestimmt ist:

Entfaltungs-Stufe
der Evolution:

Danken lernen
und lobpreisen
DEN
'der uns alles
so herrlich bereitet', -
bis wir meinten,
das besser zu können,
was nur <u>mit</u> IHM
 Sinn gibt und Leben,
in den Sphären
SEINES Geliebtseins.

Dieses umschließende
Bewußtsein
wird nun aufbrechen,
wie eine Knospe, -
ob mit
oder ohne uns,
liegt nicht zuletzt

an jedem einzelnen

und in jedem einzelnen

selbst.

✧   ✧   ✧

Vor dem Denken
ist Dasein:
Die Pflanze, das Tier,
das Vegetative.

Als die Qualtität des Denkens
zu dominieren begann,
verlor es sich
in die Ausschließlichkeit
seiner Isolationswelt, -
lebte nicht mehr
als Teil des Natürlichen, -
lebte nicht nur
neben dem Natürlichen her, -
vergewaltigte es
und mit ihm
sich selbst.

Doch das Vegetative schrie
nicht erst
im Jugendstil, -
als Wandervogel,
als 'Grüner',
im Rhythmus des Jazz, -
in der Rockmusik.

Gotik abstrahierte noch, -
Barock
schuf den Überschwang.

Waren die Kriege nicht
Vegetatives,
das, außer sich im Exzeß,
sein Maß verlor, -
auseinanderriß, -
weil die Konstruktions-
und Vergewaltigungs-
Mechaniker der Nüchternheit
begannen,
ihre Gerüst-Käfige

zu installieren,
um Leben ein für allemal
auszuschließen?

'Gut' und 'Böse'
in ihrer Ausschließlichkeit
waren schon Vorbereiter
zu diesem Prozeß.

Er wäre nicht
ohne die Selbstherrlichkeit,
die das eine gegen das andere
stellte
und sich hochgeilte daran,
bis in die sexuellen
Perversitäten,
die heute nun
stolz auf sich sind
und sich 'bloßstellen',
als Kontrast der Betonstädte.

Wie überwindet man das?

Nur das Integrieren-Lernen
nimmt beiden die Überspanntheit.

Gott ließ uns frei sein.

Freiheit lebt auch
in SEINER Schöpfung
nahe dem Abgrund.

Jede Schöpfung hat ihn,
bevor sie sich ihrer selbst
bewußt wird
und sich einzuordnen beginnt.

Hat ER das eingeplant?

Ist ER ,
in SEINEM vollkommensten

Bewußtsein,
so grausam,
daß ER uns so
ausrasten läßt,

oder...
hat sich das alles
ohne IHN so entwickelt?

Aus der Schwingung heraus
liebt man, -
wäre das alles
nicht nötig gewesen.

War also GOTT
in einem Augenblick
SEINER Schöpfung
auch nicht wach...
also nicht GOTT...

oder...
wurde Schöpfung,
weil ER in einem Augenblick
nicht wach...
also nicht vollkommen war?

Auch ER mußte sich
kennenlernen.

Um <u>den</u> Preis?

Mußte ER <u>dafür</u>
ans Kreuz?

Doch das Kreuz
ist innen
in allem, -

somit auch SEIN Symbol.

ER leidet darum

mit allem
und muß alles durchstehn,
wie wir.

Der Verstand hingegen,
sieht lediglich
Schwarz und Weiß
und vergewaltigt.

Das müßte
hinter uns sein.

Auch, wenn es dem Wesen
des Verstandes
total konträr ist,
sollte er
das ihm Unvorstellbare
jetzt annehmen lernen:

Das reine Bewußtsein . . .:

'Das Licht,
das ohne Schatten ist'.

Es ist unendlich erhabener . . .
als er.

Das 'Wahre', das 'Schöne',
das 'Gute' ist dessen Teil
und nicht so kleinkariert
und kontrastreich,
wie es der Verstand
gerne hätte.

Sie entstanden nicht
aus seiner Idee, -
sondern sie bildeten sich
durch das Leid
und gewiß sogar

durch das Leid Gottes.
Denn das Tiefste
jeder Schöpfung
ist immer
durch Leid.

Winzig ist der Verstand
neben diesem Licht . . .
Obwohl ein ICE
atemberaubend
und wohl auch
notwendig ist.

Doch alles,
was noch trennt
und ohne dieses Bewußtsein
sich hochspielt,
ist nur halb wahr, -
steht im Gegensatz
und der vernichtet sich
dann . . . irgendwann.

Die Menschheit
hat keine Wahl.

Nur der Verstand
braucht den Existenzbeweis
GOTTES.

Die Liebe
weiß sich geliebt
und liebt (. . . GOTT
mit SEINEM Kreuz
noch ausschließlicher).

Darum genügt ihr
eine universelle oder gar

göttliche Energie
nicht.

Sie weiß sich wesensbestimmt.
Sie weiß,
daß diese Zeit hier
ihre größte Herausforderung
und zugleich ihre neue
Bewußtwerdung ist,
und sie hatte auch nie
eine andere Alternative
zu sich selbst.

Leben ist ihr wichtiger,
als jede gesetzliche
Erstarrung,
und Festgefahrenheit. -

Auch den Verstand
liebt die Liebe,
weil er zum Registrieren
notwendig ist, -
nicht aber
als Ausschließlichkeit,
nachdem er sich
bloßgestellt hat.

Zeuge wird der Verstand nun
(das ist <u>seine</u> Wandlung)
der Identität
von höchstem Bewußtsein
und Liebe.

Seine Direktiven erhält er
nicht mehr aus sich selbst
- wie er einmal meinte -
sondern aus der Intuition,
weil alleine diese
aus dem Heil . . .
nicht: 'des Göttlichen'

sondern: 'GOTTES' kommt
und darum heil bleibt.

Es beginnt wieder heiles . . .
weil die Integration wieder
vollziehbar ist . . .
HEILIGES LEBEN.

Nur Demut, -
Hingabe, -
Opfer, -
Dankbarkeit vor GOTT . . .
finden in die Wesens-Einheit
der Wahrheit.

Alleine aus ihr blüht
- ohne Ausnahme -
Leben . . .:

Aus dem Gemüt,
das bewußt geworden,
größer und umfassender
als der Verstand,
und sich des Abgrundes
unter jeder Schöpfung
bewußt ist, -

aus dem
in sich isolierten Verstand
aber
und ohne die Liebe
und deren Einssein
mit allem Lebendigen

nie.

✧ ✧ ✧

Weil du,
wie so viele andere,
die Kindheitserfahrung
der Liebe
nicht erleben durftest, -
es dir somit nicht gelang -
bei all dem Wunderbaren,
das dir in diesem Leben
geschah -
die Isolation in dir
zu überwinden,
du gerade darum durch sie
immer wieder
gescheitert bist, -
solltest du deine Erstarrung
nun umpolen
(was man kann),
um deren Kontrast:
die Fülle deiner Phantasie
anzuerkennen
und zu nutzen.

Bis heute war es dir
nicht möglich
aufrichtig
- womöglich noch Gott -
zu lieben, -
den Abstand aufzubrechen,
weil du innen
getrennt warst.

Hier
ist alles keine
selbstzerstörerische 'Arbeit'
mehr, -
hier 'spielst' du das durch.

Niemanden geht es etwas an,
ob das dein Wahnsinn,
die Wahrheit deines Verstandes,

oder die deiner Einbildungskraft
ist.

Als 'Phantast' Gottes
hebst du dich so über deine
und aller Begrenzungen
in die Liebe,
die hier deine Schöpfung ist,
und 'stehst' zu ihr.

Bisher ausgeschlossen,
liebst du nun
und bist du geliebt.

Risiko ist immer.
Das akzeptierst du.

Was Panik war,
ist jetzt Würde
der Schöpferkraft,
aufrechter Gang,
aufrechtes Tun,
unabhängiges Bewußtsein.

Du machst dich nicht mehr
lächerlich,
wie die anderen das
mit Gottes Verurteilung tun,
weil sie keinen Mut
und keinen schlüssigen
Beweis haben.

Deine Phantasie ist frei.
Vergewaltige darum nicht. -
Diene mit Demut.

Probiere das
ohne Wichtigtuerei
aus.

Was, wenn ER plötzlich doch
wie Blitz und Donnerschlag,
vor dir steht

und du erschüttert
SEINER Liebe zuteil wirst ?

Es gibt und es gab
Beweise genug.

Warum provozierst du
sie nicht?

Wenn du IHN nicht erreichst,
hast du dann weniger
oder mehr gelebt?

Welch Vorteil
deines Phantasie-Vollzuges:

<u>In</u> Gott ist all dein Tun
ohne Anstrengung,
ohne Erschöpfung,
sondern . . . leicht,
weil ohne Zweifel,
ohne inneren Widerstand,
ohne dunkle Depressionen,
die dich herabziehen
und deinen Elan töten.

Vertrau nicht mehr deinen
und den Negationen aller.

Verzichte
auf diese Besserwisser.

Liebe sie trotzdem,
weil das geistiges Gesetz ist.

Sei aufrecht.

Welch ein Lebensstrom
dich durchfließt!

Welch ein Sieg
dir zuteil wird!

✧   ✧   ✧

Es war,
daß die Zeit
Dominanz
über die Ewigkeit
hatte.

Wer ihr noch heute
verfallen ist,
stirbt mit ihrem
ausschließlichen
Anspruch, -
ihrem Kontrast,
den sie aufgebaut hat
gegen
den universellen Rhythmus,
der nicht nur eingeordnet
in das Leben,
sondern das Leben
selber ist.

Einheit
wurde in ihre
Gegensätze gedrängt.

Liebe erschafft wieder
das Ganze.

Doch das Herauskommen
aus der Aggression
und dem Siegen-Müssen,
ist mit dem Verstand
nicht machbar,
weil er nicht
über das Siegen-Müssen
hinausreicht.
Daß Ewigkeit
eine grössere Dimension,
als die Zeit ist,
versteht jeder,
der liebt.

Daß man aber die Zeit
zu umschließen hat, -
noch dazu
deren Kontrast-Programme, -
und die Sphäre
erreicht haben muß,
welche die Gegensätze trägt,
verlangt eine substantielle
Überlegenheit,
die niemand 'machen' kann.

Nur Annehmen
und Austragen
zählen hier, -
Bemühen -
Jahre und Leben lang,
in das Verstehen,
das Loslassen,
die Liebe
zu kommen . . .

Niemand kennt seine
karmischen Verstrickungen,
die überwunden werden müssen
um der schöpferischen Aktivität
des kosmischen Lebens
dienen zu können . . .

Irgendwann dann
ist die neue
Bewußtseinsstufe
der demütigen Herrschaft
über sich selbst gewährt,
in der alle Mühe,
dem Ego zu willfahren,
nur hindert,
weil Selbstvertändliches
in dem man hier ist, -
zu dem man dazugehört, -
Anstrengung weder braucht
noch fordert.

Aufgetan
ist eine neue Sphäre,
in der jeder,
mitten in der ihm vertrauten
Umgebung,
nun 'neu geboren' weiterlebt, -
in der Fülle leicht
und unwahrscheinlich
belastbar,
weil die Vergewaltigungen
in ein Ziel hinein
wegfallen, zugunsten
des 'Augenblicks der Ewigkeit',
in dem Zeit- und Richtungs-
bestimmtheit verwandelt,
nun punktuell und ausgeweitet,
zugleich sind.

In ihm (IHM)
gibt es kein Außen mehr.

Sein Innen
reicht
in die Unendlichkeit

und umschließt es.

Souveränität
des Schöpfers
- egal ob Frau oder Mann -
<u>herrscht</u> hier.
Absolute Stilsicherheit.

Nivellierung
ist hier
nicht mehr angebracht.

Diese Lebensleistung
ist heilig.

Wer sie vollzieht
ist nicht ungerührt,
aber unberührt
von jeder Vergewaltigung
der ausschließlichen Zeit,
die hier eingeordnet ist
in das umfassende Sein
derer,
die lieben gelernt haben
und im 'Nun' der Ewigkeit
frei für Gott, -
für sich selbst
und füreinander
zugleich sind.

Meditativ leben

Es gibt nichts
außerdem:

Jede Bewegung ist
energetisch beseelte
Schwingung, -
erfüllt
im Atem, -
eins
mit aller Bewegung
des Kosmos, -
geeint im Geist
göttlicher Ganzheit, -

darum begeisternd, -
darum liebevoll, -
dankbar.

Dankbar
im Erlebnis,

selbst
Schöpfer
sein zu dürfen:
Lebendiges Bewußtsein,
das vollzieht und genießt, -
Augenblick,
der die Welt
transzendiert
durch die Gnade.

Totale Zurücknahme.

Nichts außerdem, -
nur Schöpfung,
liebevoll und geliebt: -

Hier.

Spiel
im vielgestaltigen
Sein:

Vollzug
der Augenblicke:

Jetzt und jetzt
und jetzt.

Es atmet
sich hier
von allein.

Programmiere dich
in das Christus-Gesicht
vor dir.

Erkenne in IHM
dein Geliebtsein

jetzt und jetzt
und jetzt wieder.

Ausschließlichkeit
gibt das, -

Gelöstsein
in allem, -

dadurch
Ruhe
(Gedankenstille),
die aufmerksam
wach ist . . .

Geliebtes Vorhandensein,

ohne Zwang offen,

das sich so auflädt
im Atemgeschehen,
im Lebensgeschehen,
das aus sich selbst ist, -

aufblüht
zur Sphäre.

Wer bloßstellt,
erkennst du,
zerstört sie.

Im Augenblicks-Spiel
kannst du nicht anders,
als dein Geliebtsein
weiterzugeben.

Immer wieder und wieder
siehst du
durch diesen Blick
dich und alles
in seiner
und deiner Unschuld
und

daß es bemüht ist,
wie du bemüht bist ...
jeder Grashalm ...
jetzt und jetzt
und jetzt wieder
und immer noch.

Unendlichkeit
ist so im Jetzt.

Egolos
- darum engelos -
macht sie das Jetzt
weit und durchsichtig, -
macht sie dich
durchsichtig,
im Jetzt und als Jetzt
unendlich

liebenswert

und geliebt

jetzt und jetzt ...

und jetzt.

'Zeitlosigkeit
in der Zeit,
über die Zeit'
ist nicht nur Geschenk,
sondern auch Leistung, -
ist Substanz,
die sich in der Meditation
und im Gebet aufbaut
und sich dann erst
als Einheit
geschenkt bekommt.

Diese erst
hat die umfassende Wahrheit, -
hat den Bereich
der Teilwahrheiten
mit ihren Isolationen
und Depressionen
dann hinter sich,
wenn sie angenommen,
in jedem Moment
in dieser Ausschließlichkeit
akzeptiert
und in Demut
geleistet ist.

Allmählich
erstarkt dann etwas
von einem Größeren, -
einer Mächtigkeit her,
die das Innen spürbar
bestimmt macht.

So verflüchtigt sich
langsam die Unsicherheit,
die glauben will
und trotzdem
in jeder Belastung
ihre Halbheiten
ertragen muß.

Dann erst
gelingt Gelöstheit ganz
und durch sie strahlt, -
was der Blockierung,
aber auch
der Überheblichkeit
fremd ist: -

Güte.

✧ ✧ ✧

Zeitlosigkeit
steht über der Zeit,
deren Hineingeworfensein
in die Isolation
ihrer selbst
sich zunichte macht, -
eingefügt
in die Zeitlosigkeit aber
transzendiert in sie ist:

Bewegung in Ruhe,
die ohne die Ruhe
verloren ist.

Doch auch Ruhe allein
kann sich nicht darstellen
ohne die Zeit.

So sind sie
ohne einander
wertlos,
und schon die Spur
von Trennung
läßt sie erstarrt
oder in Panik sein.

'Ineinander'
ist dynamischer Friede,
'auseinander'
fehlt jedem
das andere, -
geht die Dynamik
verloren,
oder die Zeitlosigkeit.

Ruhe wird Angst, -
Dynamik zur Illusion, -
Panik zerfasert sich, -

Unbeweglichkeit
ist nicht.

Schon wenn diese sein will,
beginnt Dynamik
und das übersteigert sich dann,
wenn man sich nicht
'bei der Hand nimmt'.

Harmonie
ist Einklang
von Ruhe und Intensität
im Moment.

'Intensitäts-Ruhe'
kann dasselbe sein, -
zugleich aber auch
ihre Nichtigkeit.

Alles Vereinzelte
ist nichtig,
was sich als Wichtigkeit
hochstilisiert.

Wenn Ruhe
die Dynamik verliert
und Dynamik die Ruhe,
ist nichts,
wird nichts,
bleibt nichts,
nicht einmal
Illusion.

'Jetzt'
ist dynamischer Friede,
- jetzt -
oder die Illusion

vom Frieden
verflüchtigt sich weiter.

Ausschließlichkeit
der Einheit als
- statt gierige -
in sich gesteigerte
Dynamik:

Zeitlosigkeit
in der Zeit,
über der Zeit

ist und gibt

Sinn.

Um die Halb-
bis Achtel-Wahrheiten,
die wir sind,
vollkommener
werden zu lassen,
bedarf es
der Herzensgüte
eines jeden Vereinzelten.

Weil diese dem Intellekt
nicht erreichbar ist
und wir ohne sie
hilflos sind,
haben wir resigniert
und uns gemein gemacht
um
'doch nicht Erlangbares'
auszugrenzen.

So lernten wir
uns zu verachten.

Aggressions-Fanatik
der zum Stein
erstarrten Materialisten
nivelliert eben
die Hingabe.

So ist an deren Stelle
das 'Sich-gehen-lassen'
'in',
das 'natürlich'
keine Geborgenheit gibt,
sondern die Abgründe
tiefer macht:

Wahnsinn
der aus der Ganzheit
Gefallenen.

Nur die Wahrheit
des Vollkommenen trägt.

Die ist . . .
ohne die Hingabe, -
ohne die Sanftheit
und Zärtlichkeit, -
ohne die Seele,
die sich dem Geist <u>gibt</u>, -
der eben nicht Intellekt,
sondern von diesem
mißbraucht ist . . .

nicht erreichbar.

So leicht ist das alles,
wenn die Hingabe gelingt, -
so zwangfrei gelöst
aus der Enge: -
Erlebnistiefes
Genießen des anderen
im Liebesspiel,
das eine Dimension erreicht,
in der es eins
mit dem Opfer ist, -
das dir doch völlig
konträr war.

Preisgegeben nun
bist du auch
mit dem Leid eins,
das hier dir
und allem gemäß ist
und so
seinen überströmenden
Wert hat,
weil es die Tiefe
erst möglich macht,
aus der deine Tränen
nun fließen
in den offenen Himmel.

Nichts
ist der Seele einfach,
wenn sie erstarrt ist.
Darum hast du sie
tapfer und abwehrbereit
gehütet.

Nun
ist sie erlöst
im Opfer
für die Geliebte, -
für den Geliebten, -
bist du unendlich mehr,
als du jemals warst:

Meereswoge, die niemals
vom Meer getrennt war, -
Seligkeit durch das Opfer, -
nur . . .
daß es nun leicht ist. -

Federleicht aus der Tiefe
umschließt du nun,
verstehst du -
wie dich selbst -
alles,
weil du
in der Reife
der Liebe bist.

Glückselig weinend
erkennst du
dein Kreuz
und die Freiheit,
die hier allein
dir und allem
gemäß ist . . .

den Adel

des Menschseins.

Sei doch mal nichts.

Laß doch mal
wirklich los.

Was bringt
diese Wichtigtuerei,
dieser Zwang,
der da sein muß,
der da tun muß,

sogar . . .
der da tun will
und nicht hier ist
und nicht hier sein kann,
weil er innen
schon dort ist.

Gib dich
diesem Moment sogar
ohne zu geben, -
erst recht
ohne dich
geben zu müssen.

Sei offen für dich
und offen für ihn,
aber sei nicht,
was du,
bevor er beginnt,
noch nicht sein kannst.
Bleibe im Nichts
und tue
was der Augenblick
fordert,
und was du von dir
forderst
und was du von ihm forderst,
doch erst dann
und darauf dann
und dann
und immer . . .
im Spiel-Raum
des Nichts.

So vergewaltigst
auch du nicht,
so vergewaltigt
auch dich nichts,
weil du dich
in die Leere

zurückgestellt, -
dich hingegeben,
so
in ihr unscheinbar
bist, -
weil
dir Wichtigkeit hier
Blasphemie,
darum bemitleidenswert ist,
weil sie Kraft kostet
und nicht Kraft gibt:

Lebens-
und Liebeskraft.

Nicht wenn du
sein willst, -
wenn du nichts . . .
wenn du nur offen bist,
<u>hast</u> du sie nicht . . .
bist du in ihr.

Füge dich so
in das große, -
in das unendliche
Leben ein:

Stirb.

Vollziehe
wieder und wieder
deines kleinen Lebens
großen Tod,
damit du neu bist, -
neu geboren sein kannst
jetzt und jetzt ewig
und ohne Widerstand
in dir,
weil du ihn aufgegeben hast, -
weil du
deine Vorstellung

von dir
aufgegeben
und du dich
losgelassen hast
in das unendlich
Unbekannte,
das eben nicht ist,
damit es, -
und das weiß es
nicht einmal,
weil es nur
aus dem Nichts
Geburt sein kann, -
neu entstehende
Schöpfung ist.

Jetzt
und nicht vorher
und nicht später . . .
jetzt.

<u>Sei</u>
doch mal nichts.

Laß doch mal
wirklich los.

Das Nichts ist . . .
<u>nicht</u> einmal
deine Voraussetzung.

Um die
geht es hier gar nicht.

Dann
wäre kein Nichts.

Nicht
auf was du wartest.
Was dich lebt,

für das du
liebend und geliebt
da bist
macht dich ausschließlich,

und Ausschließlichkeit
ist Sein,
auch als Nichtsein.

Das ist mehr, -
als diese Winzigkeit,
die du sein willst
und dann doch schon
nicht mehr bist.

Wenn du deine Vorstellung
vom Sein
losgelassen hast
und ausschließlich
da bist,
bist du Teil
vom unendlichen Sein,
das mit dem
unendlichen
Unbekannten
eins ist:

Geist,
Leben,
Schöpfung
und Schöpfungslosigkeit
aus dem Nichts,
durch das Nichts
im Nichts, -

das deine Demut
in Einem, -
<u>im</u> EINEN

liebend, geliebt

und darum offen
und hier . . .

nur hier . . .

glückselig

lebt.

Wer das Geführtsein
erfährt,
der erkennt,
wie alle Zweifel
und Verzweiflungen
nur hindern, -

daß es im Glauben
ausschließlich
um den Gehorsam geht, -

alles,
was ausweichen will,
nur belastet
und ablenkt
vom Erlebnis
und der Erfahrung
der heilen,
darum heiligen,
Ganzheit.
Wer sie in sich verhindert,
der straft
sich selbst.

Prüfungen
wollen durchschritten
und letztlich bestanden sein.

('Überstehen
ist alles'
sagt Rilke.)

Die Wegstrecke
ist festgelegt.

Freiheit . . .

wird gerade
durch den Gehorsam.

Er erleichtert
sie einem.

Er
macht das Überstehen
der eigenen
Hinterhältigkeiten

leicht.

Vor 50 Jahren
(3. März 1945)
vereinnahmte
die Rote Armee
Köslin (Pommern):

Evolution
hat archaische
Dimensionen.

Im Ende
des Jahrtausends
reißt sie heraus
aus den alten

Gewohn- und Geborgenheiten
(der 'Ahnen').

Werte,
'auf die Verlaß war',
mit ihren Feindbildern
und deren Zerfleischungen,
zersetzen sich heute
von selbst.

(Darum auch
die unzählbaren
Heimat-Vertriebenen.)

Als ob aus der Tiefe
aller Zeiten
ein Größeres auflacht
und seine Feuerwoge
über die Welt wirft,
die jede Erstarrung
mit urgewaltigem
Entzücken
niederbrennt
und Festgegründetes
auslöscht.

Heimat als Ort,
dem man angehört,
aus dem man lebt
und seine Kraft bekommt,
ist schon verschlungen.

Wissen wir denn,
daß wir nun
Heimat zu <u>geben</u> haben?

Ich dir,
du mir,
wir uns allen.
Wer
im nächsten Jahrtausend
leben will,

der hat demütig zu sein, -
der verurteilt nicht mehr, -
urteilt anders, -
lernt lieben
in Fremdem
auch und gerade

'wenn in stiller Stunde'

... 'die Träume' ...

✧   ✧   ✧

Du verwechselst so schnell
die Ebenen.

Wenn du mal gerade
unter die Oberfläche kommst
und, ewigkeitsbezogen,
Substanz hast, -
reißt dich dein Denken,
süffisant lächelnd,
in das 'Ja' und 'Nein'
der Überheblichkeit, -
bist du getrennt,
weil du überlegen sein willst.

Armselig sind diese
Hoch-Tief-'Spielchen',
mit dem Blick
auf die eigene Nasenspitze,
an der du hängen bleibst,
bis du daran
gehindert wirst.

Dann gründelst du wieder
in der Tiefe
nach 'Lebenshappen',
du Überlebens-Spekulant
mit den hohen Einsätzen
der du eben noch meintest,

das Glück zu erreichen,
um ihm nun schon wieder
auf der entgegengesetzten
Spur hinterher zu rennen, -
eben noch Liebe fordertest, -
hier zaghaft bereit,
sie geben zu lernen:

Oberflächen-Spielchen,
mit den vagen Abstechern
in das 'Irrationale'
(wie du es nennst,
weil es nicht sichtbar ist),
das im Ewigkeits-Bereich
aber konstant und als Basis
erarbeitet sein will,
auf der man dann aufrecht, -
nicht mehr gründelnd,
sondern gegründet, -
lebt.

Wie erschöpft du doch bist
und wie arm-selig
du schauspielern mußt,
um dich darzustellen.

Dabei erkennst du
die Seligkeit derer
mit dem Tiefgang nicht,
die zumeist noch schwerer
arbeiten, als du
und dabei oft auch
erschöpft
aber . . .
'ewigkeitsmäßig'
und darum 'unendlich'

beschenkt sind.

Im Geschehen sein:

Tief versunken,

erfahrungsschwer
unter der Oberfläche
des 'Ich',

nah
dem unendlich Wahren
der Ganzheit,

still,
weil Widerspruch
abgelegt, -

in der Bewegung
des Atems,
Ruhe ist . . .

substantiell,

vertraut und verwoben
in Geflecht und
ewigkeits-gewaltigem
Lebensmuster, -

geborgen, bewahrt
und bewahrend, -

liebend darum, -

darum

geliebt

✧   ✧   ✧

Gehorsam

Sich selbst
als Opfer
zu bringen,
ist die
scheinbar absurde
Forderung
der Ausschließlichkeit
die,
wenn ihr Bewußtsein
erreicht ist,
Einschränkendes
ablehnt,
weil nur
dessen Umkehrung:
die Weite
der Transparenz,
in die Freiheit führt.

Allein
durch das Opfer
erreicht man sie
und integriert sich
nur so
in die Ganzheit . . .

hat dann erst
den Leistungs-Vollzug
überstanden, -

<u>ist</u> hier geopfert, -
darum anstrengungs-
und erstarrungslos, -

<u>hat</u> hier
die Unbeschwertheit,
deren Radius
grenzenlos umschließend

ist,
als Schöpfer
und
in der Absolutheit
der Schöpfung, -

ist hier erst erlöst, -

lebt erlöst
und erfüllt zugleich

IHR

'Spiel'.

Schock

- schon bald
nach der Geburt
ist er 'eingeplant'
heute -

ist panisches
Außer-sich-sein, -
Erstarrung
vor dem ausschließlichen
Augen-Blick der Schlange,
auf den der Tod folgt, -
überschrittene
Grenzsituation
in ein Alleinegelassensein,
das noch überhaupt nicht
faßbar, -
viel weniger
hier zu bewältigen, -
darum prägend ist:
Erstarrung

jeder Zelle, -
jeder Seelen-Empfindung, -

Fixierung
der Todes-Erstarrung
im Schlangenblick. -

Irgendwo
hat sie jeder
heute, -
brauchte seinen Analytiker,
seinen 'Erlösungs'-Therapeuten.

Die meisten weichen
der Problematik aus, -
'retten' sich
in die Tat, -
erwerben sich selbst
diesen 'Schlangen-Blick', -
verachten und ignorieren
vom geschaffenen 'Babel'-Turm
ihrer Rücksichtslosigkeit
herunter,
die Geschädigten,
die sie meinen
mit ihren Parties
und Urlaubsreisen
überspielen zu können,
oder
- auf der Gegenseite, -
mit Höchstgehaltsforderungen
einander auszutricksen.

Erbärmliche Zwischenweltler, -
kalt statt lebendig,
weil sie nie
leben lernten,
doch noch stolz darauf,
seelenverachtend,
mit panischem Blick,

in den Tod rennen,
der sie geprägt hat.

Bis in die dritte
und vierte Generation
hinein
wird Lieblosigkeit
mit Lieblosigkeit bestraft
und jede neue Generation,
die das nicht erkennt
und ändert,
setzt das fort

bis . . .

kein Leben

mehr möglich ist.

Wagnis

Ich verachte euch nicht,
wenn ihr mich
zur Vorsicht mahnt.

Es entspricht euch.

Auch gibt es Augenblicke,
in denen mir
euer Wohlgefallen
an euch selbst
beinahe beneidenswert
erscheint, -
doch eben nur
Augenblicke

und nur 'beinahe'.

Das Wagnis
hat eine andere Dimension.

Wenn es dann
mit den Jahren
noch immer wieder
sein Geführtsein erfährt,
dann stimmt das
mit der anderen Dimension.

Sie ist umfassender.

Ich versteige mich nicht
zu der Behauptung,
daß nur Unsicherheit
das Leben lebens-
und liebenswert macht.

Sie hält aber
das Wohlgefallen
an mir selbst und
an meinen Erstarrungen
in Grenzen.

Darum muß ich mich
immer wieder überschreiten.
Das ist meine Vorsicht.

Das
gibt der Unsicherheit
ihren Wert

und mir meinen.

✧ ✧ ✧

Hingabe ist passiv.

Gerätst du mit ihr
in eine starke,
möglichst noch negative
Aktivität,
wirst du verschlungen.

Die geistige Hingabe hingegen
ist ohne Emotionen
und im Augenblick
des Vollzugs
eins mit der überströmenden
Intensität
der Ganzheit.

Du bist durchströmt
von ihr, -
nicht mehr
deiner Ego-Labilität
ausgesetzt, -
und lebst sie so . . .
gibst ihr Ausdruck.

Die Ganzheit lebt sich
durch dein Dasein,
das Teil
ihrer Fülle ist,
im Hingabe-Vollzug, -

nicht mehr Einzelnes
und Vereinzeltes
in der Zeit, -
sie bestimmend
und ihr ausgesetzt, -
sondern in die Ewigkeit
gehoben und in deren
Inkarnationen,
durch die du das 'Jetzt'
und endlich nicht mehr
das 'Ego' bist.

Hier
braucht das Isolierte
keine Selbstbestätigung
mehr,
weil es von Größerem
und Umfassenderem
ausgefüllt ist . . .
hat es nicht mehr
das Bewußtsein des Tropfens,
sondern als Tropfen,
das Bewußtsein vom Meer,
dem er angehört,

von dem er

bestimmt ist.

Der Meditierende
läßt seine Vorstellungen
von sich selber los, -
ist so erlöst
von aller ego-verhafteten
Isolation, -
eins
mit der Liebes-Energie
der Ganzheit.

Leben lädt,
in diesem Zustand
ungehemmt,
sich selber auf.

Selbst aggressiv
Getrenntes
wird dann von ihm
eingewoben

und überschwemmt
im Meer
des lebendigen Geistes,
das Vereinzeltes

eint.

'Dasein füreinander' -
nicht nur für andere, -
auch für sich selbst,
ist die subtilste Erfüllung,
wenn sie vom Ego
erlöst ist
... es losgelassen hat.

Wie das Winzigste
noch Teil
des Kleinsten ist,
sich auch Sterben
schon wieder
Umschließenderem einfügt,
umsorgt das größere Selbst,
verantwortlich
liebevoll,
im universellen Gesetz,
auch das eigene Leben, -

überschwemmt
mit Liebes-Energie,
wie der Geist jeder Ganzheit,
- egolos -
sein Leben
(Sein Leben ist alles Leben)
mit sich selbst.

Technik
genügt nicht.
Leben ist identisch
mit Liebe.

Nur sie, -
nicht allein der Gedanke
an sie, -
weitet
die Seele aus.

Daseinsgenuß
des höchstgesteigerten
Liebesvollzugs
im Zusammenklang
der Geschlechter
will im Jetzt
mit allem
gelebt sein . . .
lebt sich
im Leben:

Atom neben Atom,
Zelle neben Zelle,
Sturm,
der über die Erde fegt,
Sonne,
die sie aufleuchten
und schöpferisch
sein läßt.

Alles ist Liebe
oder . . .
es ist zu wenig.

Dann
zehrt es sich aus,
erschöpft es sich,
giert nach einander,

erreicht
den Zusammenklang nicht,
das OM nicht,
das Amen,
das Höchstmaß
an Schwingung nicht.

Hingabe ist Liebe.

Wie kann man nur meinen,
daß sie
Vergewaltigung sei.

Der kalte Isolations-
und Denk-Spezialist,
der durch sich selbst
schon getrennt ist,
versteigt sich
dorthin.

Hingabe ist Liebe . . .
Dasein füreinander,
das sanft und zärtlich
in seiner Glückseligkeit ist,
um diesen Zauber
zu erhalten,
auszuweiten,
zu steigern,
bis 'zum Sturm,
der über die Erde fegt'
und zur Sonne,
die sie aufleuchten läßt . . .
<u>als</u> Sonne:

Höchstgesteigertes
Zusammensein, -
und das dann noch
ohne Verausgabung, -
vielmehr

um des anderen, -
um der Schöpfungs-Einheit
willen,
die alles Leben
in sich und um sich genießt.

Es bedarf der Einheit
des Geistes dazu,
und der Strenge
ihres Vollzugs,
um das zu erleben
und zu erwerben,
bis es dann Spiel, -
darum:
frei ist.

Verwehrt
ist das der Materie
in sich allein.

Dasein füreinander
in höchstem
Liebesvollzug,
der gelebt
und nicht nur
gedacht ist,
ist Leben im Geist,
das hier,
in seiner Vollkommenheit,

- wer's versteht,
der versteht's -

rein ist.

✧ ✧ ✧

Sieben Jahre
können
ein Leben sein, -
oft weniger:

Ein Tag, eine Stunde,
ein Augenblick
genügen zum Danken.

Nicht nur,
daß man sie
leben durfte,
sondern,
daß durch den Dank
eine Zäsur geschaffen ist,
die Festgefahrenes auflöst,
Fixierungen
hinter sich läßt.

Nur Abgeschlossenes
erreicht Erkenntnis,
findet die Leere
der Gelöstheit
von dem Alltäglichen.

'Mehr' ist Leben.

Dieses 'Mehr' schält
Wesen heraus:
Bewußtheit,
die nicht nur Denk- ,
sondern Seins-Qualität, -
(und ihre Vorstellungen
von sich selbst abgelegt) -
hat.

Wie viele
vermeintliche Leben
bestehen
aus nichts anderem.

Leere allein
ist rein:

'Nichts'
und nichts sonst.

<u>Daraus</u>
wird anderes,
oder das Nichts
bleibt.

Wer ohne die Leere
lebt, -
verhärtet
seine Erstarrungen.

Auch Entspannen
genügt nicht . . .

Abschied
ist wichtiger, -
will gelebt sein
um des Wesens willen,
damit Arroganz
und Falschheit
sich auflösen.

Das Schwert der Wahrheit,
das von der Lüge trennt
und Festgefahrenes
aufreißt innen, -
tötet
die Illusionen.

Dann
kann 'Auferstehen'
in diesem Leben sein
und das 'Kreuz'
überwunden,

jeden Tag, -
jede Stunde, -
jeden Moment

neu.

✧ ✧ ✧

Das Absolute verlangt
den totalen Gehorsam,
der jede Herausforderung
annimmt
und jeden Moment,
der frei
von Herausforderungen ist,
nicht mit den Vorstellungen
der Zukunft,
oder irgendeiner
Vergangenheit,
belastet.

Wenn zudem das Gelöstsein
der Hingabe im Handeln -
also die Liebe -
da ist,

dann
fließen
die 'unerschöpflichen
Quellen' . . .

erreicht die Ausschließlichkeit
dieses Seins-Gehorsams

die Fülle

des Jetzt.

Nachruf

Carl-Hubert Krementz - 18.1.1923
in Köslin/Pommern geboren -
Goldschmiedemeister -
war als Schriftsteller, spiritueller und Yoga-Lehrer
(BdY/EYU) tätig. Auch in der 'Meditations- und
Lebensschule Baden-Baden' und im Verlag
DEM WAHREN-SCHÖNEN-GUTEN,
die er zusammen mit **Marielú Altschüler**, seiner
Lebensgefährtin und Partnerin, leitete, lehrte
er mit großem Engagement im Dienst am Menschen
den 'Geistigen Weg'.

Am **5. Januar 1995** wurde
Carl-Hubert Krementz völlig unerwartet in die
ewige Heimstatt abgerufen. Verwandte, Freunde und
Bekannte, unsere Autoren, vor allem aber der oft
von weither kommende große Schülerkreis und ich
selbst trauern tief um den Verlust eines wahren
Menschen und Adepten, eines geistigen Lehrers,
einer hochentwickelten Seele.

In 21jähriger, unvergleichlich harmonischer
Lebensgemeinschaft und Partnerschaft durfte ich mit
Carl-Hubert Krementz den Höhenweg gehen. Seine
menschliche Sauberkeit und Toleranz, sein stilles
und doch elementares Wesen, nicht zuletzt seine
Pflichterfüllung und der Gehorsam gegenüber dem
göttlichen Gebot sind mir unvergessen und werden
mich begleiten.

Innig danke ich ihm für seine Großmut, Demut,
Geduld, seine Rechtschaffenheit, wertungsfreie
Menschlichkeit und so getreue Liebe.

Daß er nun nicht mehr unter uns weilen kann, ist
von uns allen - die wir mit ihm sein durften - trotz

des Wissens um die kosmischen Prinzipien, nicht leicht anzunehmen. Doch aus dem Licht, in dem ich Carl-Hubert Krementz sehen durfte, und aus seinen in die Transformation des neuen Äons weisenden Bücher und Schriften, wird er uns allen auch weiterhin nah sein.

Marielú Altschüler

Inhaltsverzeichnis

	Seite
Amsel und Zweig	9
Das Einfache	9
Diese unzählbaren Toten	10
Zum 'Abschießen'	12
Politiker	13
Die Verwechslung	14
Das sind die Rücksichtslosen	16
Daß es ein Genuß ist	19
Die Möglichkeit	23
Das vollkommene Unverständnis	25
Über dich selbst	28
Wir wissen das jetzt:	29
Glaube hat Stil	33
Himmelschreiendes Fanal	34
Wie jedes Ende	38
Diese Arroganz	40
Wunderbare Herausforderung	42
Wenn du das noch nicht	43
Das 'Sich-Zusammenreißen'	47
Weltmeisterschaft	50
Dieses Vereinzeltsein	52
'Distanz in der Liebe'	55
Natürlich seid ihr Frauen	57
Immer, wenn man	60
Diese Winzigkeit	61
Nur die Meditierenden	62
Demut, Dankbarkeit	66
Die Umdrehung	68
Die Dreieinigkeit	69
Die Ewigkeit ist in allem	71
Wenn die Bewegung	73
Im kosmischen Sein	75
Alle Weihnachtsgeschenke	76
Weihnacht 1993	77
Wenn das 'Jetzt'	80

Glaube	82
Alles Empfinden	84
Das Außergewöhnliche	85
Wenn du jung bist	87
Wenn ich, als Vater	89
Alles ist geistiges Leben	90
Erfüllt ist, wer sich löläßt	94
Ich-Bezogenheit	96
ER fordert uns	97
Der andere	99
Immer eins	101
Die Zugehörigkeit	102
Jeder braucht 'seine' Zeit	105
Wenn du Hilfe brauchst	107
Sowie das Selbstmitleitd	109
Gerade die Geringfügigkeiten	109
Wehe, du überläßt dich	111
Die Absolutheit der Ruhe	112
Bewahre dir die Distanz	113
Wenn der Blick	115
Liebe zu Dir	116
Je mehr Raum	117
Diese helle Wachheit	118
Geistbestimmt:	119
Mit dem Mut	120
In dem für den Verstand	123
Die Hingabe	125
Einheit ist immer	128
Geistige Übung	129
Wenn du die Übung	130
'Asana'	131
Wenn ein höchstes	133
Raum - innen und außen	134
Rosa und Lila	135
Grau im Staubgrau	136
Du kommst nur einmal	136
Erinnerungs-Bilderbuch	138
Wenn du mit der Jolle	140
Erinnerung I	142
Erinnerung II	142

Über 15 Jahre in Baden-Baden 143
'Krippenhof' 147
Wie wunderbar 148
Diese Traumtanz-Illusionisten 150
Dieselben Gesten 152
Diese Dimension 153
Vor dem Denken 156
Weil du, wie so viele 163
Es war, daß die Zeit 166
Meditativ leben 169
Spiel 170
Zeitlosigkeit in der Zeit 172
Zeitlosigkeit steht über 174
Um die Halb- bis Achtel-Wahrheiten 176
So leicht ist das alles 178
Sei doch mal nichts 179
Wer das Geführtsein 184
Vor 50 Jahren 185
Du verwechselst so schnell 187
Im Geschehen sein 189
Gehorsam 190
Schock 191
Wagnis 193
Hingabe ist passiv 195
Der Meditierende 196
'Dasein füreinander' 197
Technik genügt nicht 198
Sieben Jahre können ein Leben sein 201
Das Absolute verlangt 203

Die edle Gabe

Sinn des Daseins – Gesundwerdung – Frieden in Innen- und Außenwelt – Erfolgstraining – Bewußtseins-Erweiterung – Persönlichkeitsbildung – Alltagsbewältigung – Hilfe zur Selbsthilfe – Wunscherfüllung

DAS UNPERSÖNLICHE LEBEN – Von Joseph S. Brenner – Unser Bestseller, zu dem eine Kundin schreibt: „Das unpersönliche Leben" ist für mich die größte Offenbarung, der mir jemals in dieser Form begegnet ist. Es beinhaltet praktisch eine ganze esoterische Bibliothek, ist ein geistiger Einweihungsweg von höchstem Grade. – „Das unpersönliche Leben" – ein Buch, das dem sich heute wandelnden Bewußtsein des Menschen Antwort gibt, weit hinaus über alles bisherige Wissen vom Sinn des Lebens.
136 S. – meerblau gebunden –   10. Auflage – Best.-Nr. 58

DER WEG IN EIN HÖHERES BEWUSSTSEIN – niedergeschrieben von Eva Bell-Werber – ist eine Weiterführung der „Stillen Gespräche mit dem Herrn", die ihr in stillen Stunden vom Geist ihrer Seele übermittelt wurden. – In kurzen, täglichen Belehrungen wird dem Leser gezeigt, wie er die Probleme des Alltags von dem ihm innewohnenden göttlichen Selbst her meistern, wie er inneren und äußeren Frieden finden und an der Schaffung des neuen Himmels und der neuen Erde mitarbeiten kann.
112 S. – meerblau gebunden –   3. Auflage – **Best.-Nr. 46**

IN SEINER GEGENWART – Von Eva Bell-Werber – Eine Weiterführung der viel gefragten vorausgegangenen Ausgaben von Eva Bell-Werber. Ein wichtiges Handbuch für den Alltag, das durch seine Belehrungen zum Bewußtsein der immerwährenden Gegenwart Gottes führen will.
72 S. – meerblau gebunden –   3. Auflage – Best.-Nr. 40

DIE STIMME DES MEISTERS – Dieses Buch von Eva Bell-Werber will, wie ihre anderen Aufzeichnungen, die sie in der Reihenfolge: **Stille Gespräche mit dem Herrn** – **Die Stimme des Meisters** – **In seiner Gegenwart** – **und Der Weg in ein höheres Bewußtsein** veröffentlichte, – uns zum Hinhören auf Gott und zur Bewußtwerdung des Einsseins von Gott und Mensch führen. Die leise Stimme unseres göttlichen Selbstes in unserem Inneren wahrzunehmen und uns von ihr nicht nur in unseren stillen Stunden, sondern auch in unserem arbeitsreichen Alltag leiten zu lassen, ist der Sinn dieses Buches.
84 S. – meerblau gebunden –   2. Auflage – Best.-Nr. 53

MEISTER ECKHART, STILLE UND EWIGKEIT – Eine Sammlung aus seinen weisheitsvollen Aussagen, herausgegeben und übersetzt von Hasso Schelp. Das Buch führt den Leser in die geistige Welt des großen christlichen Mystikers, der wie kaum ein anderer die Einheit mit Gott erfahren und gelebt und die „Wahrheit, die den Menschen frei macht", gelehrt hat. Eine ganz handfeste „Lebenshilfe" für den Alltag.
115 S. – violettfarben gebunden –   **Best.-Nr. 48**

WEGE IN DEN TAG – Von Alfred Gobell – In einer Zeit großer Umwälzungen, in der die ewigen Gesetze der Seele und des Geistes wieder Geltung erhalten dürfen, führt der englische Eingeweihte uns mit seinen WEGEN dorthin, wo Christus mit uns reden kann. Wundervolle Legenden. –
111 S. – ecrúfarben gebunden –   **Best.-Nr. 47**

SYMBOLE IN UNS – Von Annamaria Wadulla – Im Mittelpunkt steht die indische Chakra-Lehre, zu der Parallelen aufgezeigt werden, die sich in vielen Kulturkreisen in großer Fülle finden lassen und die inneren Entwicklungsvorgänge im Menschen symbolisieren. Ein sinnvolles Leben ist nicht von äußeren Reichtümern abhängig. – Mit 5 halb- und 5 ganzseitigen Illustrationen von Rosemarie Wlodeck.
120 S. – violettfarben gebunden –   **Best.-Nr. 14**

ZUM PARADIES DES MENSCHEN – Von Walter Stanietz – Der Autor, der lange in die Stille gegangen ist, zeigt, daß sanftes Berührtwerden von der inneren Welt und dem inneren Leben etwas anderes ist, als das Mitgerissenwerden und Verlieren im Außen. Er weist den Leser in die Seligkeit des bewußten Lebens: „Zum Paradies des Menschen".
110 S. – roséfarben gebunden –   2. Auflage – **Best.-Nr. 7**

DAS LAND HINTER DEM SCHLEIER – Von Ingeborg Freimuth-Würz
Ein dramatisch empirisches Zeugnis vom Miteinander der scheinbar Getrennten diesseits und jenseits des „Schleiers", das aufzeigt: Die Wesensvollendung geschieht erst im Wiedervereinigen der getrennten Duale, der ewigen Gemahle. Außergewöhnliche Deutungen von Volksmärchen und ein dramatisches Mysterienspiel runden dieses feine Werk ab.
238 S. – violettfarben gebunden – **Best.-Nr. 9**

DIE BLAUE HAND – Von Margret Brügger – In der „Blauen Hand" verkörpert sich die Innere Führung. In knapper, lyrischer Form drückt unsere Autorin von „Im Augenblick sein" ihre Erfahrungen aus. – Antwort und Hilfe auf die Ängste unserer Zeit.
49 S. – blaufarben gebunden – **Best.-Nr. 15**

DIE GÖTTLICHEN STRAHLEN DER LIEBE – Von Gertrud Niesel
Gedanken der sich offenbarenden Liebe in der Ausstrahlung des unendlichen ewigen Seins. Empfangen und niedergeschrieben in der Erkenntnis, daß nur die tiefe, reine Liebe zum wahren göttlichen Erleben führt.
90 S. – hellrosé gebunden – **Best.-Nr. 36**

SELIG DIE REINEN HERZENS SIND – Von Gertrud Niesel – Die universelle heilige Wirklichkeit der Gotteswelt, die jedes hinausgestellte Geistwesen erreichen sollte, kann nur auf dem Wege des sich vollbewußten Innenlebens erkannt und erlebt werden.
72 S. – weiß gebunden – **Best.-Nr. 37**

DER HÖCHSTEN LIEBE WEISHEIT – Von Gertrud Niesel – Die einprägsamen und hochgeistig formulierten Aussprüche, die die beiden Bücher **„Die göttlichen Strahlen der Liebe"** und **„Selig die reinen Herzens sind"** beinhalten, erfahren in einer weiteren Niederschrift der Autorin eine Fortsetzung.
78 S. – lichtblau gebunden – **Best.-Nr. 50**

DEN HERZTON STIMMEN – Von Inge von Wedemeyer – 101 Dreizeiler – Natur-Meditationen, die den Kreislauf des Jahres durchwandern und zu eigener, tiefer erlebter Natur-Meditation anregen. –
48 S. – ecrúfarben gebunden – **Best.-Nr. 62**

HARMONIE UND/ODER CHAOS – ANGST UND/ODER VERTRAUEN – Von Inge von Wedemeyer – Wie kann man mitten in der Verworrenheit unserer notvollen Zeit doch zum Heilsamen finden, und in einem sinnvollen Leben für sich und die Mitmenschen den Lichtauftrag erfüllen, den Gott jedem Menschen ins Herz geprägt hat? Auf diese Frage findet unsere Autorin aus geistig-meditativer Erfahrung hilfreiche, wegweisende Antworten.
80 S. – lichtgrün gebunden – **Best.-Nr. 66**

VON DER EWIGKEIT DES SEINS – Von Ingrid Öller – Inspirierte Gedichte in der Auseinandersetzung mit dem innersten Wesen. – Anstoß und Andacht zugleich. – Zur Meditation und Stilleübung geeignet.
58 S. – weiß gebunden – **Best.-Nr. 16**

YOGA – BEWUSSTER ALLTAG – Von Ilse M. Zielasko – Yoga ist ein Übungsweg, eine Weltanschauung und eine Lebenshaltung, die sich im gelebten Alltag bewähren und beweisen muß. Gedanken und Empfehlungen zu gelebter Spiritualität sind Inhalt dieses Büchleins.
40 S. – weiß gebunden – **Best.-Nr. 39**

SO RUFT EINE MAHNENDE STIMME – Von Eva-Margret Stumpf aufgenommen, – zur Hilfe für viele. – Aus dem Inhalt: Gedankenwelt – Blumensegen – Wesen – Ideale Frauen – Heldentum – Sterbehilfe – Rosenkinder – Enthaltsamkeit – Verschwiegenheit – Inneres Walten.
56 S. – blau gebunden – **Best.-Nr. 19**

SEELE, WO IST DEINE HEIMAT? – Von Gerda Fichte – Die Autorin versteht es, aus der gestalterischen Kraft ihrer Seele und kultivierter Sprache das ‚zarte Berühren', das ‚Verhüllen', – das ‚Unsagbare' auszudrücken. In Verbindung mit den überragenden Reproduktionen von Prof. Heinrich C. Berann/Innsbruck ein in Vers und Prosa wesentliches und ausdrucksstarkes Buch.
70 S. – bleufarben gebunden – **Best.-Nr. 25**

HERAUSFORDERUNG – WEGWEISUNG – Texte zum Meditieren – Von Carl-Hubert Krementz – Ein Lieblingsbuch, das man mit sich herumträgt. Endlich Verse, die sich nicht nur wohlfühlen im Destruktiven und einer zersetzenden Alltäglichkeit, die nicht Weltflucht, sondern Wahrheit sind. Texte, die sehen, was ist und zugleich in unerhörter Sauberkeit und gestaltender Kraft jeden, der sie liest, empfinden läßt, daß er sich verstanden weiß und sich ihnen anvertrauen kann.
126 S. – weiß broschiert – **Best.-Nr. 54**

ZEITGEIST – GEISTZEIT – Von Carl-Hubert Krementz – Sinn dieses wesentlichen Buches ist es, nicht Fluchtwege in ein „Gelobtes Land" zu suchen, sondern die Wahrheit des ‚Hier und Jetzt' aufzuzeigen, damit der Leser in den Geist finden und in jedem Augenblick aus ihm heraus gestalten kann.
148 S. – weiß broschiert – **Best.-Nr. 55**

LIEBESVERRAT – LIEBESERFÜLLUNG – Von Carl-Hubert Krementz Keine „Liebesgedichte" – Ein hochaktuelles Buch für jede Altersstufe. Weder Poesie auf die althergebrachte, noch Gedichte ultra-moderner Art sind es. Darum wählt Carl-Hubert Krementz die Bezeichnung Vers-Prosa. Von ihr wird der Leser angesprochen und mitgerissen;´ – er fühlt sich und die heutige Zeit verstanden. – Nach dem Jahr 2000 werden die wegweisenden Bücher dieses Autors und geistigen Lehrers zur Standardliteratur gehören.
150 S. – weiß broschiert – **Best.-Nr. 64**

BEGRENZUNG – FREIHEIT – WEITE – Von Carl-Hubert Krementz Allein schon die Titel dreier vorausgegangener Bücher: ‚Herausforderung-Wegweisung' – ‚Zeitgeist-Geistzeit' – ‚Liebesverrat-Liebeserfüllung' sind Aufforderung zur Auseinandersetzung mit der Gegenwart. Sie sind zugleich aber auch ein hilfreiches Angebot für deren Bewältigung. – Auch der neue Titel ist es mit bisher nicht erreichter Tiefe und aus spiritueller Erfahrung erworbener Sicherheit, zugleich aber auch Durchsichtigkeit und Verständlichkeit von Inhalt und Sprache ... sympathisch in einem neuen Stil mitreißender Geistigkeit. ‚Antworten' ... 205 S.– weiß broschiert – **Best.-Nr. 68**

ABENTEUER LEBEN – Aufsätze und erste Gedichte – Von Carl-Hubert Krementz – Der Autor theoretisiert nicht, sondern schreibt aus einer elementaren Daseinsbezogenheit heraus, die eben dadurch die aktuelle Sprache aller spricht. So ist er in einer Zeit der Unsicherheit jedem Suchenden ein mitreissender Begleiter.
56 S. – mit Schutzumschlag – dunkelgrün gebunden –

IN DEIN WESEN FINDEN – Von Carl-Hubert Krementz mit Lehr-Meditationen von Marielú Altschüler – Wer in sein Wesen finden will, der hat sich zu schulen. Der Autor und geistige Lehrer zeigt dem nach seine höhere Bewußtwerdung Erstrebenden auf, daß jede Anforderung durch Annahme des geistigen Auftrages Gnade ist und der Wesensfindung und Selbstverwirklichung dient. Ein wesentliches Geschenk.
24 S. – Langdin-Format / stahlblau – **Best.-Nr. 61**

PARTNER-BREVIER / I. Teil: Von Marielu Altschüler und Carl-Hubert Krementz – In ihren praktischen Empfehlungen geben die beiden Schriftsteller und Lebenslehrer (BdY/EYU) aus dem Erlebnis und Erfahrungsgut ihrer Gemeinsamkeit Motivation und liebevolle Hinführung zu umfassendem Eingefügtsein in eine neue Welt – optimalem Leben zu zweit, diesseits-, zeit- und ewigkeitsbezogen.
92 S. – hellgrün gebunden – **Best.-Nr. 3**

LEHR-MEDITATIONEN – Von Marielú Altschüler – Dieses kleine Brevier gehört in die Handtasche jeder ernsthaften Esoterikerin und in das Jackett jedes ernsthaften Esoterikers. Aus jahrelanger Erfahrung spricht die Praktikerin (eigene Meditations-Schule / eigener esoterischer Verlag).
88 S. – violettfarben gebunden – **Best.-Nr. 57**

FREUDE SCHÖNER GÖTTERFUNKEN – Von Marielú Altschüler Freude, echte, bleibende Freude, die aus der Tiefe, aus dem Innenraum kommt, ist erlernbar. Jeder Mensch kann sie erfahren, wenn er kleine Spielregeln beachtet, die die Autorin im Plauderton aufzählt. Ein Bändchen, das Schenkenden und Beschenkten Freude macht.

Eine wertvolle Hilfe besonders auch gegen Schwermut und Depressionen. – Schönste Gabe für Kranke.
80 S. – lachsfarben gebunden – 4. Auflage – **Best.-Nr. 44**

IM BEWUSSTSEIN DEINER SELBST – Von Marielú Altschüler – In die Zerrissenheit unserer Seelen und Tage gibt die Schriftstellerin und langjährige geistige Lehrerin praktische Anleitungen zum Weg. Und sie zeigt jedem, der guten Willens ist, mögliche Schritte, in Harmonie und somit in seine Einheit, – in das Bewußtsein seiner selbst.
64 S. – roséfarben gebunden – **Best.-Nr. 63**

MEINE SEELE ist erwacht – Von Marielu Altschüler – Die Autorin und geistige Lehrerin hat schon lange ihren festen Leserinnen- und Leserkreis. Das bezeugt hier die zweite Auflage dieser auch zur Meditation geeigneten Texte in Versform, die um ein Vielfaches erweitert wurden. Mit ihnen weist Marielú Altschüler jeden, der sich ihr anvertraut, den Weg in das Bewußtsein der Fülle – in Selbstverwirklichung.
90 S. – taubenblau gebunden – 2. erw. Auflage – **Best.-Nr. 65**

RHYTHMUS DES LEBENS – Von Marielú Altschüler – Gedichte, die durch das Jahr mit seinem sinnvollen, wechselhaften Rhythmus – durch das LEBEN führen. – Lyrik, die für das Dasein aufschließt und es erhellt.
80 S. – lichtgrün gebunden – **Best.-Nr. 1**

ZWERG PERECHIL – Von Marielu Altschüler – In sieben phantastischen Märchen und ihren aus Intuition und Wissen gegebenen Interpretationen erläutert Marielú Altschüler in diesem zauberhaften Geschenkbändchen den Weg des geistigen Erwachens. Ein Buch, das wohl der Jugend, doch ebenso dem erwachsenen Menschen Wegweiser sein kann.
122 S. – Irisfarbdruck – gebunden – **Best.-Nr. 20**

DAS GLÄSERNE TOR – Von Marielu Altschüler – Dieses innen wie außen wertvolle Geschenkbändchen ist eine Fortführung der ersten Märchentexte der Autorin, die unter dem Titel „Zwerg Perechil" bereits einen großen Leserkreis gefunden haben. Es ist aber zugleich ein völlig eigenständiges Buch und weist neben den sensiblen Märchen in seinen esoterischen Ausdeutungen Jugendlichen und Erwachsenen den Weg in rechte Lebensführung und Seinserfüllung.
160 S. – schilfgrün gebunden – **Best.-Nr. 67**

SEI STILLE – SEELE ... – Von Marielú Altschüler – Ein schmales Bändchen in Langdinformat um den Sinn von Sterben und Tod. Empfehlenswert als Trost für Trauernde und Hinterbliebene. 5 Holzschnitte von Karl Hans Gehring. – Ein besonderes Geschenk zur Kranzgabe.
23 S. – in silberfarbenem Einband / geheftet – 2. Auflage
Best.-Nr. 59

MEDITATIONS- UND LEBENSSCHULUNG

SELBSTENTFALTUNG – SELBSTERFAHRUNG – Wegweisung zu erfülltem – bewussten – harmonischen Leben, – zu Körperenergie und Seelenenergie durch praktische, realitätsbezogene Ausbildung: Atmung – Tiefenentspannung – Mentaltraining – Yoga und geistige Disziplinen – Praxis der Konzentration und Meditation – Meditativer Tanz – auf der Basis abendländischer Kunst, Kultur und ihrer Tradition – Seelenführung. Keine konfessionelle, politische oder sonstige Bindung –. Ein Heimkurs von Marielú Altschüler.

– Bitte kostenloses Info anfordern –

MARIELÚ ALTSCHÜLER
Bernhardstraße 46 – D-76530 Baden-Baden
Tel.: 0 72 21 / 2 46 34